Childcare and Social care

現代の保育と
社会的養護

井村圭壯・安田誠人
編著

学 文 社

執　筆　者

*安田　誠人　大谷大学（第1章）

　藤林　清仁　同朋大学（第2章）

　吉弘　淳一　福井県立大学（第3章）

　横浜　勇樹　関東学院大学（第4章）

　鎌田　綱　四国医療福祉専門学校（第5章，第6章第1節第2節）

*井村　圭壮　岡山県立大学（第6章第3節）

　石本　真紀　宇都宮共和大学（第7章）

　泉水　祐太　武蔵野短期大学（第8章）

　小野　智明　横浜創英大学（第9章）

　半田　弓理　岡山理科大学（第10章）

　大月　和彦　文教大学（第11章）

　瓜巣　由紀子　浦和大学（第12章）

　伊藤　陽一　東京都市大学（第13章）

　戸松　玲子　大阪青山大学（第14章）

　柴田　俊一　常葉大学（第15章）

（執筆順・＊は編者）

はしがき

　子どもを取り巻く環境は日々大きく変化をしており，それに伴い子どもたちのニーズも大きく変化している。新聞やテレビでは毎日のように，児童虐待，ドメステックバイオレンス（DV），貧困，保育所などの待機児童問題などの報道が行われており，子どものことを考えると心が痛むことも多いのが現状である。また，日本でも1994（平成6）年に「子どもの権利条約」が批准されるなど，子どもの権利を守る取り組みは着実に進んでいる。

　たとえば，「社会的養護」の対象となる子どもについても，2011（平成23）年に行われた「第4回児童養護施設等の社会的養護の課題に関する検討委員会」でも，すべての子どもが社会的養護の対象となるとした上で，社会的養護の中心は，かつては，親が無い，親に育てられない子どもへの施策であったが，虐待をうけた子ども，障害のある子ども，DV被害の母子などへの支援を行う施策へと役割が変化してきているとしている。

　しかし，そうした新しい役割・機能の変化に対応していく，ハード・ソフト両面の変革が遅れているのが現状であり，諸制度の充実などのハード面の充実や社会的養護の知識を有した保育士養成が急務とされている。

　そうした状況に対応できるように，2011（平成23）年から施行された「保育士養成課程の改正」に伴い，児童家庭福祉の観点から児童の健全育成に係る支援体制や「社会的養護」の重要性が強調されている状況を踏まえて，「養護原理」が「社会的養護」に科目名が変更された。

　本書においては，新しい保育士養成課程のシラバスに準拠した編集とし，最新の動向や制度を踏まえた内容とし，「社会的養護」の基本的内容，現状や課題を学ぶことや子どもたちに対する「社会的養護」の実践力の養成についても目指している。今後はさらに社会全体で子育てを行っていくことが重要となり，保育士養成課程で学ぶ学生や子どもたちの支援に興味・関心のある方にも

ぜひ読んでいただき，子どもの社会的養護について考える一助になれば幸いと考えている。

本書の執筆にあたっては，各執筆者の先生方，そして学文社代表取締役社長，田中千津子氏，編集部の方々には大変お世話になった。紙面を借りて感謝申し上げる。

2017 年 1 月 1 日

編著者

iii

目　次

はしがき……………………………………………………………………… i

第1章　社会的養護の理念と概念………………………………………… 1

第1節　社会的養護とは～社会的養護の定義～（厚生労働省による考え方を中心として）　1

第2節　社会的養護の基本理念　2

　■ 子どもの最善の利益のために　3／2 「すべての子どもを社会全体で育む」　4

第3節　「社会的養護」の課題と取り組み　5

　■ 「社会的養護」の課題　5／2 「社会的養護」への課題への対応例　6

第2章　社会的養護の歴史………………………………………………… 9

第1節　西洋における歴史　9

　■ 救済から施設養護へ　9／2 児童の権利思想と施設養護の発展　12

第2節　日本における歴史　14

　■ 近代的施設養護の始まり　14／2 社会的養護の成立　15

第3章　児童家庭福祉の一分野としての社会的養護…………………… 21

第1節　児童福祉法などの一部を改正する法律案の概要と社会的養護　21

第2節　児童の権利に関する条約と社会的養護　25

第3節　社会的養護の目的と機能　26

第4章　児童の権利擁護と社会的養護…………………………………… 29

第1節　子どもの権利条約　29

iv

第2節　子どもの権利擁護の取り組み　32

1 社会的養護関係施設の第三者評価　32 ／**2** 子どもの権利ノート　35
／**3** 児童の権利を代弁し意見を表明する活動（オンブズパーソン制
度）　37 ／**4** 子どもの権利擁護のためのネットワーク，啓発活動　38

第3節　子どもの権利をより一層守るための近年の動き　39

1 子どもの権利を擁護し養育条件を高めるために　39 ／**2** 民法な
どの一部を改正する法律（親権制度の見直し）　40

第5章　社会的養護の制度と法体系……………………………………… 43

第1節　社会的養護制度の仕組み　43

1 措置制度　43 ／**2** 利用契約制度　44

第2節　社会的養護の法律　44

1 児童福祉法　44 ／**2** 児童虐待防止法（児童虐待の防止等に関す
る法律）　45 ／**3** 母子及び父子並びに寡婦福祉法　46 ／**4** 児童扶養
手当法　47 ／**5** 特別児童扶養手当等の支給に関する法律　47 ／**6**
児童手当法　47 ／**7** 児童買春，児童ポルノに係る行為等の処罰及び
児童の保護等に関する法律　48 ／**8** 配偶者からの暴力の防止及び被
害者の保護等に関する法律（DV防止法）　48 ／**9** 子ども・子育て支
援法　48

第6章　社会的養護の仕組みと実施体系……………………………… 51

第1節　国及び地方公共団体　51

1 国　51 ／**2** 地方公共団体　51

第2節　実施機関　52

1 児童相談所　52 ／**2** 福祉事務所　53 ／**3** 保健所　54 ／**4** 児
童家庭支援センター　54 ／**5** 児童委員・主任児童委員　55

第3節　児童福祉審議会　55

第7章　家庭養護と施設養護……………………………………………… 57

第1節　社会的養護の体系　57

目　次　v

1 家庭養護と施設養護とは何か　57／**2** 「家庭的養護」と「家庭養護」の用語区分の整理　58／**3** 社会的養護をめぐる生活単位の小規模化・地域分散化の流れ　59

第2節　家庭養護と施設養護　60

1 家庭養護とは　60／**2** 施設養護とは　62

第3節　家庭的養護の推進に関する課題　64

第8章　社会的養護の専門職……………………………………………… 67

第1節　専門職に求められるもの　67

第2節　社会的養護における専門職　68

1 保育士　68／**2** 児童指導員　68／**3** 児童自立支援専門員　69／**4** ファミリーソーシャルワーカー　69／**5** 母子支援員及び少年を指導する職員　70／**6** 児童の遊びを指導する者　71／**7** 心理療法担当職員　71／**8** 個別対応職員　71／**9** 里親支援専門相談員（里親支援ソーシャルワーカー）　72／**10** その他の専門職員　72

第3節　専門職の課題　73

第9章　施設養護の基本原理……………………………………………… 75

第1節　施設養護の基本理念と原理　75

1 児童養護施設をめぐる諸問題　75／**2** 施設養護の基本理念と養育の目的　76

第2節　施設養護の意義と課題　77

1 小規模化の利点と課題　77／**2** 施設における養育の方向　78／**3** 子どもの権利擁護　80

第3節　施設養護の運営と地域との連携　82

第10章　施設養護の実際 ………………………………………………… 85

第1節　施設養護の目標　85

第2節　施設養護の過程　86

1 入所直前直後の援助支援 86／**2** 児童養護施設の援助支援の内容 86／**3** 退所に向けての援助・支援 90

第3節 施設保育士の役割 91

第11章 施設養護とソーシャルワーク ……………………………… 93

第1節 児童養護施設におけるソーシャルワークの意義と必要性 94

1 保護者に対する支援・援助 95／**2** 子どもに対する支援・援助 95／**3** 退所後の支援・援助 96

第2節 障害児施設におけるソーシャルワークの意義と必要性 96

第12章 施設などの運営管理 ……………………………………… 101

第1節 児童福祉施設などの運営費（財源）の仕組み 101

1 児童福祉施設などの運営費（財源） 101／**2** 児童福祉施設に支弁される措置費 101／**3** 里親に支給される手当など 102／**4** 障害児施設に支弁される費用 102

第2節 児童福祉施設などの事業運営の仕組み 103

1 児童福祉施設などの事業運営 103／**2** 児童福祉施設の設備及び運営に関する基準 103／**3** 児童福祉施設の設備及び運営に関する基準の変遷 105／**4** 運営指針と運営ハンドブック 106

第3節 児童福祉施設などの運営の課題と展望 107

第13章 専門職の倫理の確立 ……………………………………… 109

第1節 専門職の倫理 109

1 専門職の倫理として 109／**2** 職場における倫理として 110

第2節 倫理綱領 110

第3節 専門職の資質 112

児童養護施設運営指針における「養育を担う人の原則」 113

目　次　vii

第14章　被措置児童等の虐待の防止 ……………………………117

第1節　被措置児童等虐待とは　117

第2節　被措置児童等虐待の現状　118

　1　被措置児童等虐待について　119／**2**　被措置児童等虐待発生の要因　119

第3節　被措置児童等虐待防止の対策　120

　1　子どもの権利ノートの活用　120／**2**　職員間の連携と第三者の活用　120

第15章　社会的養護と地域福祉 …………………………………123

第1節　子どもを守る地域ネットワーク　123

　1　子育て家庭支援ネットワークの必要性　123／**2**　児童虐待予防ネットワークとしての要保護児童対策地域協議会　124

第2節　地域の子育て家庭支援施策　124

　1　乳児家庭全戸訪問事業　124／**2**　養育支援訪問事業　126

第3節　地域子育て支援サービス　128

　1　児童福祉施設による地域子育て支援サービス　128／**2**　短期入所生活支援（ショートステイ）事業　128／**3**　夜間養護等（トワイライトステイ）事業　129／**4**　地域子育て支援サービスを担う人びと　129

索　引………………………………………………………………131

第1章

社会的養護の理念と概念

第1節　社会的養護とは～社会的養護の定義～ （厚生労働省による考え方を中心として）

　まずは「社会的養護」とは何かについて，厚生労働省での考え方を中心にみていきたい。

　2008（平成20）年に改定された「保育所保育指針」では保育における「養護」を，「『養護』とは，子どもの生命の保持及び情緒の安定を図るために保育士等が行う援助や関わりである。保育所における養護的側面が重要であることは，第1章（総則）でも述べているが，保育所が乳幼児にとって，安心して過ごせる生活の場となるためには保育士等の適切な援助と関わりが必要である。また，子どもと生活を共にしながら子どものあるがままを受け止め，その心身の状態に応じたきめ細やかな援助や関わりをしていくことは保育の基本である。子どもが，一個の主体として大事にされ，愛おしい存在として認められ，その命を守られ，情緒の安定を図りながら，『現在を最も良く生きる』ことは，保育の土台を成し，子どもの心と体を育てることに直結する。」と規定している。

　つまり「養護」のねらいは，保育士などが子どもとの信頼関係を基盤に身近な環境への興味や関心を高め，その活動を広げていき，養護的な関わりやその

2

姿を通して，望ましい生活の仕方や習慣・態度を徐々に体得していくことである。

2011（平成23）年に行われた「第4回児童養護施設等の社会的養護の課題に関する検討委員会」では，「社会的養護は，保護者のない児童や，保護者に監護させることが適当でない児童を，公的責任で社会的に養育し，保護するとともに，養育に大きな困難を抱える家庭への支援を行うことである。」と定義している。

さらに「社会的養護」の対象となる子どもについて，「子ども・子育てをめぐる社会環境が大きく変化する中で，すべての子どもに良質な成育環境を保障し，子どもを大切にする社会の実現が求められている。虐待を受けた子どもなど，保護者の適切な養育を受けられない子どもが増えており，そのような子どもたちこそ，社会全体で公的責任をもって，保護し，健やかに育んでいく必要がある。」とすべての子どもが社会的養護の対象となるとした上で，「社会的養護は，かつては，親が無い，親に育てられない子どもへの施策であったが，虐待を受けて心に傷をもつ子ども，何らかの障害のある子ども，DV被害の母子などへの支援を行う施策へと役割が変化し，その役割・機能の変化に，ハード・ソフトの変革が遅れている。」と「社会的養護」の現状について述べている。

以上が厚生労働省を中心とした「社会的養護」の定義である。

第2節　社会的養護の基本理念

「社会的養護」の基本理念は，前述した「第4回児童養護施設等の社会的養護の課題に関する検討委員会」で，「『子どもの最善の利益のために』という考え方と，『社会全体で子どもを育む』という考え方を理念とし，保護者の適切な養育を受けられない子どもを，社会の公的責任で保護養育し，子どもが心身ともに健康に育つ基本的な権利を保障する。」とされている。本章では，「社会

第1章 社会的養護の理念と概念 3

的養護」の基本理念として，「子どもの最善の利益のために」という考え方と，
「すべての子どもを社会全体で育む」の2つを取り上げる。

Ⅰ 子どもの最善の利益のために

「子どもの最善の利益」の理念を明文化したものとして，代表的なものとして，「児童福祉法」，「児童憲章」と「子どもの権利条約」などがある。

2016（平成28）年6月に改正された「児童福祉法」（以下，改正「児童福祉法」と記述する）第2条では，「全て国民は，児童が良好な環境において生まれ，かつ，社会のあらゆる分野において，児童の年齢及び発達の程度に応じて，その意見が尊重され，その最善の利益が優先して考慮され，心身ともに健やかに育成されるよう努めなければならない。」と規定されている。

「児童憲章前文」では，児童に対する正しい観念を確立し，すべての児童の幸福をはかるために，「児童は，人として尊ばれる。児童は，社会の一員として重んぜられる。児童は，よい環境のなかで育てられる。」とされている。

また，「子どもの権利条約」第3条第1項では，「児童に関するすべての措置をとるに当たっては，公的若しくは私的な社会福祉施設，裁判所，行政当局又は立法機関のいずれによって行われるものであっても，児童の最善の利益が主として考慮されるものとする。」とされている。また本条約では「子どもの権利条約」が第9条，18条，20条，21条，37条，40条で繰り返し用いられている。

つまり「子どもの最善の利益」という概念が，「子どもの権利条約」のもっとも重要な概念となっているといえる。日本でも，厚生労働省がこの考えを「社会的養護」の基本理念として定めている。したがって，子どもの福祉にかかわるすべての人は，「子どもの最善の利益」ために何をすべきかを最優先に考え実践することが求められる。

なお「子どもの最善の利益」は，「受動的権利」と「能動的権利」の2つの側面がある。子どもにとって，これまでは子どもたちに一定の権利は与えられ

4

るもの，その権利の多くは「受動的権利」であり，保護者や保育士などによって保障されるものである。これに対し「能動的権利」とは，子どもの意思を尊重するもので，「能動的権利」により，乳児や障がいのある子どもを含めたすべての子どもが「意見表明権」を有することが保障された。これは「子どもの権利条約」により，子どもが権利の主体者「能動的権利」として位置づけられたことが大きく影響している。

　さらに親の権利（親権）と子どもが生存し発達しようとする権利（子権）があることを確認し，両者の権利が対立した場合は，「子どもの最善の利益」すなわち子どもの権利（子権）が最優先されることも理解しておくべき特徴である[1]。

２　「すべての子どもを社会全体で育む」

　「すべての子どもを社会全体で育む」の理念を明文化したものの代表的なものとして，「児童福祉法」，「子どもの権利条約」などがある。

　改正「児童福祉法」第１条では，「全て児童は，児童の権利に関する条約の精神にのつとり，適切に養育されること，その生活を保障されること，愛され，保護されること，その心身の健やかな成長及び発達並びにその自立が図られることその他の福祉を等しく保障される権利を有する。」と規定されている。また同法第３条の２では，「国及び地方公共団体は，児童が家庭において心身ともに健やかに養育されるよう，児童の保護者を支援しなければならない。」と規定されている。

　また，「子どもの権利条約」第20条第１項では，「一時的若しくは恒久的にその家庭環境を奪われた児童又は児童自身の最善の利益にかんがみその家庭環境にとどまることが認められない児童は，国が与える特別の保護及び援助を受ける権利を有する。」と，社会的養護に関する国の責任が明記されている。

　つまり，「すべての子どもを社会全体で育む」とは，保護者の適切な養育をうけられない子どもを「健やかに育成する」ために，すべての国民の努めであ

るとともに，国及び地方公共団体などの公的責任で社会的に保護・養育及び，養育に困難を抱える家庭への支援を，一人ひとりの国民と社会の理解と支援により行うことである。

　ただし，「社会的養護」の公的責任を整備，実践することはもちろん必要なことではあるが，この公的責任を重視しすぎることは，子どもを取り巻く親族などの血縁，地域などの地縁による子育ての支援ネットワーク機能を弱体化させることにもつながりかねない。

　そうしたこともあり，改正「児童福祉法」第3条の2では，先で記述した後に続けて，「……ただし，児童及びその保護者の心身の状況，これらの者の置かれている環境その他の状況を勘案し，児童を家庭において養育することが困難であり又は適当でない場合にあつては児童が家庭における養育環境と同様の養育環境において継続的に養育されるよう，児童を家庭及び当該養育環境において養育することが適当でない場合にあつては児童ができる限り良好な家庭的環境において養育されるよう，必要な措置を講じなければならない。」とも規定されており，家庭での養育環境をできる限り継続できるようにすることも求めている。

　この点の重要性について，柏女霊峰は「子育て支援とは，子どもが生まれ，育ち，生活する基盤である保護者及び家庭，地域における子育ての機能に対し，家庭以外の私的，公的，社会的機能が支援的に関わることをいう。子育ての孤立化，閉塞化が指摘される現在，こうした活動は，今後ますます重要になってくる。」と指摘している[2]。

第3節　「社会的養護」の課題と取り組み

1　「社会的養護」の課題

　「社会的養護」は，以上みてきたように，子どもたちのニーズに対応できるように，子どもの権利条約の批准，児童福祉法の改正，厚生労働省各委員会で

の対応策の検討などが実施されている。結果として，「子どもの最善の利益のために」，「すべての子どもを社会全体で育む」ための概念も部分的には実現されつつあると思われる。子どもたちの「能動的権利」に対する社会や保育士などの関心や理解の高まりもそのひとつである。

また一時問題とされた「児童養護施設」での大舎制が約75％と大部分を占めていた課題も，2012（平成24）年３月現在では，全体552施設のうち，大舎280（50.7%），中舎147（26.6%），小舎226（40.9%）と改善されつつある。さらには「少子化対策基本法」の規定に基づく大綱として定められた，「子ども・子育てビジョン」の「社会的養護」関係の数値目標も以前と比較するとかなりの改善がなされている。

しかし実際にこの数値目標が達成できるかというと，簡単には実現困難との指摘やこの数値目標自体が十分でないとの指摘もある。さらには社会情勢，子育て環境，子育てに対する意識の変化は大きく，障がいのある子どもたちのニーズへの対応，急増している子ども虐待やドメスティック・バイオレンス（DV）への対応など「社会的養護」に求められるニーズの多様化には十分に対応しきれていないのも事実である。

すべての課題に対応できる対策を行うことは困難であるが，方向性としては在宅サービスの強化，施設福祉サービスの専門性の確保，施設の地域や外部への開放などを実施していくことが有効であると思われる。本章においては，そのなかで施設の地域や外部への開放の視点での取り組みから「子どもの権利ノート」「ケア基準」の２つを説明していく。

2 「社会的養護」への課題への対応例[3]

（1）子どもの権利ノート

「子どもの権利ノート」とは，子どもの権利を高めるための施策のひとつであり，児童養護施設で生活する子どもや施設職員，里親を対象にした，子どもの権利擁護に関する小冊子（手引書）である。「子どもの権利ノート」は各地方

自治体で作成・発行されている。1995（平成7）年の大阪府を皮切りに，「子ども
の権利ノート」を作成する地方自治体が全国に広がった。大阪府の「子ども
の権利ノート」は，米国オンタリオ州の「子どもの権利・義務ハンドブック」
を基礎として作成された。

「子どもの権利ノート」が各自治体で数多く作成されるようになった背景に
は，「子どもの権利条約」批准による権利擁護に対する意識の醸成，向上とと
もに，1990（平成2～平成11）年代に多発した児童養護施設での児童虐待の相
次ぐ発覚なども影響している。相次ぐ児童虐待の発覚に厚生省（現厚生労働省）
も全国の自治体に「子どもの権利ノート」作成の推奨を通知している。

「子どもの権利ノート」には，子どもが困難に直面した場合の相談や権利侵
害などの相談方法について記載されており，そのひとつとして，巻末には第三
者機関に訴えることができるよう封書（ハガキ）などを添付している地方自治
体も多い。また，子どもの義務や責任について記載している地方自治体も多い。

「子どもの権利ノート」の配布方法についても規定されており，「子どもの権
利ノート」の内容や配布の目的，活用方法などを，一人ひとりに説明しながら
手渡しすることとなっている。なお説明するにあたっては，子ども本人の年齢
や理解力に配慮することも規定されている。

（2）ケア基準

児童養護施設では「児童養護施設サービス自主評価基準」を策定している。
これは2000（平成12）年3月の「全国社会福祉協議会　児童福祉施設における
サービス評価のあり方検討委員会」によるものである。

この「児童養護施設サービス自主評価基準」では，児童養護施設でのサービ
ス提供にあたっての基本理念を，「子どもを権利主体として位置づけ，常に子
どもの最善の利益に配慮した援助を行う」とした。基本方針は，① 子どもの
意思の尊重，② 子どもの自立支援，③ 地域における子育て家庭支援，④ サー
ビスの質の向上と透明性の確保である。またこの評価の目的を，① 施設が行
うサービスを自己評価することにより，自らのサービス水準を確認する，②

改善すべき課題を明確にし，サービスの質の向上を目指すとした。評価基準は，① 子どもの権利擁護，② サービス内容，③ サービス実施体制，④ サービス評価の実施体制の４つの視点から設定されている。

　以上２つの取り組みを取り上げたが，大切なことはこうした取り組みを計画すること以上に，実施現場での福祉専門職の子どもの権利に対する意識を醸成することである。そうしなければ「仏作って魂入れず」になりかねない。実のある施策を実現するためにも，保育士や児童指導員などに対する人権意識，ケア技術の向上を目指した研修に参加可能な時間的余裕をもてると同時に，職員の十分な配置も必要であると思われる。

《注》
　1）子どもの権利が最優先されるということは，子どもが意見表明したことをそのまま親や大人が必ず認めなければならない，実現しなければならないということではない。大切なことは子どもの意見を封殺せず，子どもの意見を素直に受けとめて，親や大人が子どもと向き合ってともに考えることである。そして実現可能なことについては実現に向けて努力し，自己の権利や他の子どもの権利を侵害する実現困難なことについては，どうして認められないかを，子どもにわかるように説明することが求められる。
　2）相澤仁・柏女霊峰・渋谷昌史編著『子どもの養育・支援の原理』明石書店，2012 年，p.20
　3）安田誠人『保育と社会的養護』学文社，2014 年，pp.32-33

《参考文献》
相澤仁ほか編『子どもの養育・支援の原理』明石書店，2012 年
相澤仁ほか編『社会的養護』中央法規，2015 年
井村圭壯・相澤譲治編著『保育と社会的養護』学文社，2014 年
小野澤昇ほか編著『子どもの生活を支える社会的養護』ミネルヴァ書房，2013 年
外務省「児童の権利に関する条約」2016 年
厚生労働省「社会的養護の課題と将来像の実現に向けて」2011 年
厚生労働省『保育所保育指針』（平成 20 年改訂版）ひかりのくに，2008 年
厚生労働省「児童福祉法等の一部を改正する法律」2018 年
中野菜穂子・水田和江編『社会的養護の理念と実践』みらい，2012 年

第2章

社会的養護の歴史

第1節　西洋における歴史

I　救済から施設養護へ

（1）封建社会以前の救済と混合収容

　封建社会以前，孤児や貧児などの救済は，おもに家族や親族内，もしくは地域共同体のなかでの相互扶助によって行われてきた。一方，宗教的な慈善によって救済される児童もごくわずかに存在したが，宗教的な慈善による救済は，孤児，老人，病人，障がい者，貧困者など，あらゆる種類の生活困難者を1ヵ所に集め収容する混合収容による方法であった。たとえば，中世封建社会におけるキリスト教の救済においては，救治院や救貧院を設立して救済した。救治院は，宗教的施設として，病気の治療というよりは，心身の休養（やすらぎ）を目的としていた。また救貧院は，救治院と明確な区別はないが，老人や児童，病人などで貧民に陥った人たちを収容していた施設をいう。

（2）エリザベス救貧法の時代

　10世紀頃に確立したヨーロッパにおける封建社会の土台は領主制であった。すなわち封建領主である貴族と農業の担い手である農奴が，土地（荘園）を媒介に主従関係を結んで，中世社会のなかで自給自足の小地域社会を形成していた。しかし，1348年のペスト大流行以降，労働力が不足し，農奴制が緩和さ

10

れ，ヨーマンとよばれる自由な自営農民が生まれてきた。このことは，村落共同体による相互扶助を弱めるだけでなく，貧富の拡大を生み出す結果となった。さらに，「ばら戦争」による浮浪者の増加や，「囲い込み運動」によって土地から排除され浮浪化を余儀なくされた農民が，都市に流入し近代的労働者となり，その一部はスラムを形成していった。スラムは，犯罪や売春，伝染病が蔓延する場と化していたので，1601年には「エリザベス救貧法」が制定され，貧しい者は労働能力に応じて分類され管理された。

　中央集権的な機構をもったこの法は，枢密院を頂点に，国王の手足として地方行政をつかさどる治安判事が無給の名誉職として，かつての宗教的行政単位であった教区の救済の指導監督をまかされた。そして治安判事が指導監督する無給の名誉職である貧民監督官を教区の規模に応じて選出させた。貧民監督官は実務監督官として，教区委員と協力し，地方税の固定資産税として救貧税の徴収を行った。また，救済事務遂行の権限をもっていた。

　この救貧税を財源として，貧民を，「労働能力がある貧民」（有能貧民），「労働能力をもたない貧民」（無能貧民），「扶養能力のない貧民の児童」の3種類に分類した。労働能力がある貧民には，亜麻，羊毛，糸，鉄その他の道具や原料を整えて就労が強制された。労働能力をもたない貧民に対しては祖父母から孫までの扶養義務を前提として，それが不可能なものに対しては，救貧院あるいは在宅での金品の給付による扶養が行われた。扶養能力のない貧民の児童には，就労を斡旋するか，男子は24歳，女子は21歳まで，もしくは結婚までの徒弟奉公を強制した。ただし，21歳未満で結婚した場合は，その段階で徒弟奉公は終わりとされた。また労働意欲のない乞食や浮浪者は犯罪とみなされ治安判事により懲治院または監獄に送られた。

（3）児童労働と工場法

　18世紀から19世紀にかけて進行した産業革命では，大量の労働力が必要とされた。しかし，工場で働く労働者がいないという問題が発生した。工場で働くということは，工場主や監督者によって時間を含めて管理される。これま

で，農業を中心として伝統や習慣で働いてきた人たちにとって，窮屈なことであり，工場で働くことはひどく嫌われていた。そのうえ，工場の動力は，大部分が水車によって供給されていたため，もともと人口が少なく，川沿いの辺鄙な土地という立地条件であったため，初期の工場主は工場で働く労働者をえることが困難だった。

19世紀になり，蒸気機関の普及，工場規模の拡大などによって，工場は都市につくられるようになった。また，技術の進歩による新しい機械の導入によって，必ずしも熟練した労働者を必要とはしなくなった。この熟練した労働者ではなく，さらに低賃金で働く労働者として，女性と子どもが対象となったのである。

そのため，子どもが安価な労働力として劣悪な環境で長時間酷使され，その結果，心身をむしばまれる者が多くあらわれた。こうした児童労働に対する批判と反省が，次第になされるようになり，児童労働を制限する動きが生まれていくのである。

1802年に初めての「工場法」が成立した。「徒弟の健康および品性の保護を目的とする1802年法」がそれにあたる。この工場法では，徒弟の労働時間を1日12時間に制限し，深夜業を漸次的に廃止すると定められた。また，徒弟に読み書き算盤を教えること，彼らに年間一揃いの衣類が提供されること，少なくとも月に1回は教会に通わなければならないとされた。19世紀半ばまでに，工場法は綿工場から全繊維工場に拡大した。この過程で，1833年の工場法では初めて工場査察官が任命された。1802年の法律では，労働者の最低労働条件を規定したが，強制的に守らせる公務員の存在がなかったため，守らない工場主がいた。1833年の法律では，労働者の最低条件を守らせる存在として，工場査察官がおかれた。1847年の工場法では，繊維工場で働く女性と14歳から18歳の少年少女における労働時間が1日10時間に制限されるなど，労働時間短縮という点では，実効ある規定が徐々に整備されていった。

一方，この時期には，児童は教育されるべきもの，発達の途上にあるもの

12

いう近代的「子ども観」が登場し，オーエン（Owen, R.）の性格形成学院やペスタロッチ（Pestalozzi, j. h）の孤児院などの先駆的取り組みが開始されるようになる。そこで，児童救済の方法についても，従来の混合収容から児童を分けて収容する分類収容へと進展した。

（4）近代的施設養護の誕生

　児童への教育が重視されるようになり，当時主流だった多数の児童を1ヵ所に集め画一的に処遇する寄宿制学校方式による収容は，児童の心身の発達に悪影響を与えるとして批判されるようになる。この大規模収容による児童の心身への悪影響は，ホスピタリズム（施設病または施設症）と称され，識者の関心を集めた。そして，ホスピタリズムの弊害を減らすために，小規模な居住単位で一般家庭に近い生活ができるような養護が試みられた。

　1870年には，バーナード（Barnard, T. J.）によって設立された「バーナードホーム」によって，先駆的な養護が実践されるようになる。バーナードは，小舎制による少人数養護，職業教育，アフターケアなどの画期的な取り組みを採用し，施設の近代化を図った。また，里親委託や未婚の母への救済も行った。このバーナードの養護実践は，わが国の明治期の施設養護の近代化を図った先駆者である石井十次の養護実践などにも強い影響を与えている。

2　児童の権利思想と施設養護の発展

（1）新しい子ども観と児童の権利

　20世紀に入ると，スウェーデンの児童問題研究家エレン・ケイ（Key, E. K. S.）によって20世紀を「児童の世紀」とするよう唱えられるなど，児童への関心が高まり，新たな子ども観が登場する。児童の身体や精神に関する科学的研究が開始され，その成果から児童は身体的，精神的に発達途上にあるため，大人や社会の責任において保護し教育すべきであると考えられるようになった。

　1909年，アメリカで「第1回白亜館会議」（要扶養児童の保護に関する会議）が

開催される。この会議では，要保護児童問題について「施設は，本来家庭に代わることができない」と唱えられた。そして，家庭養育の重要性の決議と，里親制度，小舎制施設養護などの勧告がなされ，施設養護から家庭的養護への転換が方向づけられた。また，1919年の第2回白亜館会議では，児童福祉の最低基準が決定されている。1930年の第3回白亜館会議で採択されたアメリカ児童憲章では，人種や出生地，境遇などを問わず，すべての児童の権利が明記され，その後の施策にも影響を与えた。

　第1次世界大戦後の1924年には，国際連盟により「児童の権利に関するジュネーブ宣言」が採択される。その前文は，「すべての国の男女は，人類が児童に対して最善のものを与えるべき義務を負う」であり，児童の心身の発達，危難の際の救済などについての人類の義務がうたわれた。また，ジュネーブ宣言の精神は，第2次世界大戦後の1959年に，国際連合が採択した「児童権利宣言」に受け継がれている。

（2）ホスピタリズム論の登場

　ホスピタリズムについて，本格的な研究が始まり，一定の結論が出されたのは，20世紀に入ってからである。なかでも，養護のあり方にもっとも影響を与えた研究のひとつが，1951年に世界保健機関によって報告されたボウルビイ（Bowlby, j.）による研究「母性的養護と精神的健康」である。ボウルビイは，ホスピタリズムの原因を，乳幼児期の母性的養育の喪失に求め，母性剥奪理論を提唱した。この理論は，当時，施設否定論あるいは施設必要悪論として受け止められ，家庭重視や里親養育への転換の理論的根拠とされた。

　このように，20世紀初頭は，科学的研究による新しい子ども観に基づき児童の保護や教育が重視されるとともに，児童保護が国家によって制度化され発展した時期といえる。そして，児童の権利が提唱され，その国際的承認が行われていった時代である。一方，女性労働が拡大し，社会秩序や家庭をゆるがすという危機意識がもたれたことと，ホスピタリズム研究への注目から，家庭重視や家庭賛歌が叫ばれ，家庭再編強化策が推進されている。こうした流れか

14

ら，施設養護から里親養育への転換が促され，施設養護については家庭に代わる日常生活の場としての位置づけが強調されていくことになった。

第2節　日本における歴史

I　近代的施設養護の始まり

（1）明治期

　明治初期に実施された地租改正と秩禄処分により，土地を奪われた農民と禄を失った武士とが貧困化するとともに近代的労働者として都市に流入した。その過程で，孤児や棄児などの要保護児童が生み出されていった。その後，戦争，地震や津波，凶作などの天災，経済不況にみまわれて孤児や貧児も増加したため，多くの育児施設が創設された。

　1874（明治7）年，明治政府により「恤救規則」が制定され，形式的ではあるが救済立法が成立した。先立つ1872（明治5）年には，わが国で最初の公立救貧院である「東京養育院」がつくられた。

　施設養護は，主にキリスト教系の宗教者による慈善事業として先駆的に実践された。1872（明治5）年に横浜慈仁堂，1874（明治7）年に浦上養育院，1887（明治20）年に岡山孤児院などの孤児や貧児などを収容する育児施設が代表的である。特に，岡山孤児院は，わが国の施設養護の近代化を象徴する先駆的な実践を行った点に特徴がある。

　岡山孤児院は，石井十次によって創設された施設である。石井は，イギリスのバーナードホームの実践や，ルソー（Rousseau, J. J.）やペスタロッチ（Pestalozzi, J. H.）の思想に影響をうけ，労働と教育を重視した実践とともに，大舎制から家族舎への移行を試み，乳幼児については里親に出すなどの取り組みを次々と行った。石井の教育論は「岡山孤児院十二則」において，「家族主義」，「委託主義」，「満腹主義」，「実行主義」，「非体罰主義」，「宗教主義」，「密室教育」，「旅行教育」，「米洗教育」，「小学教育」，「実業教育」，「托鉢主義」と

あらわされている。

一方，1891（明治24）年には，わが国初の知的障がい児施設として，石井亮一により滝乃川学園が設立される。1899（明治32）年には，非行児を保護教育する施設として，留岡幸助により東京家庭学校が設立された。また1900（明治33）年には，野口幽香らが二葉幼稚園（のちの二葉保育園）を設立する。このように，子どもの問題に応じた保護が展開された。

（2）大正期から終戦まで

1921（大正10）年に，社会事業調査会が児童保護施設の体系に関する意見を出すなど，明治期には民間人によって行われてきた慈善事業が，大正期には社会事業として政府の介入のもとで再編されるようになる。また，この時期には，児童施設の分類収容が進展し乳児院が登場する。

昭和期に入ると，1929（昭和4）年に「救護法」が制定され，明治期に制定された「恤救規則」は廃止される。「救護法」には，育児施設をはじめとする収容施設が組み込まれたので，施設養護に関する公的責任が部分的に明らかにされたといえる。しかし，戦時体制のなかで社会事業は否定され，戦争が激しさを増すなかで，施設養護は荒廃していった。

2 社会的養護の成立

（1）戦後混乱期と児童福祉理念の登場

第2次世界大戦は，わが国でも多数の犠牲者を生み，戦争によって孤児や浮浪児となった児童も多く存在した。彼らに対する対策は，治安維持を意図して行われた「狩り込み」とよばれる強制的な隔離や収容策であった。

1947（昭和22）年には，「児童福祉法」が制定され，児童は心身ともに健やかに生まれ育成されるべき存在であること，児童の育成について公的責任が認められるなど，児童福祉理念がうたわれるようになる。同法によって，児童福祉施設と里親制度が規定されるとともに，翌年の1948（昭和23）年には，厚生省令で「児童福祉施設最低基準」が規定された。なお，同法の制定当初に規定

された児童福祉施設は，助産施設，乳児院，母子寮，保育所，児童厚生施設，養護施設，精神薄弱児施設，療育施設，救護院の9種類である。

（2）ホスピタリズム論争とその影響

1950（昭和25）年頃から，わが国にも欧米のホスピタリズム論が紹介され，施設処遇に関する論争が約10年間展開された。東京都石神井学園施設長の堀文次が，自分の施設においてもホスピタリズムが確認できるとして，施設養護を一般家庭に近づける必要性があることを指摘したのがホスピタリズム論争の始まりである。

この論争は，施設処遇の自主的な改善や改良を促す一方で，職員定数改善や最低基準改定にも目が向けられるようになるなど，一定の意義があった。この論争によって，家庭的処遇や里親委託の方向性が強まったといえる。しかし，この論争は，施設長や研究者を中心に進められ，現場職員の参加は少なかったため，議論は進展しなかった。さらに，当時は，戦後処理が終了しつつあり，養護施設などに対する社会の関心が薄らいでいたことから，抜本的な制度改正へとつなげていくことはできなかったのである。

ホスピタリズム論争をうけて，施設処遇についての技術論が提唱されるようになる。代表的なのは，家庭養護理論，積極的養護理論，集団主義養護理論である。

家庭的養護理論では，夫婦小舎制を導入したり，職員の担当児童数を減らしたり，施設を家庭的環境にしていくといった施設養護の改良と，里親制度の確立と積極的活用などが主張された。

一方，施設と家庭，それぞれの特性を生かして連携していく相互補完と，施設養護に治療的機能などの積極的な役割を見出したのが，積極的養護理論である。

また，松風荘施設長の積惟勝が提唱した集団主義養護理論も登場する。施設の特徴である人間集団に着目し，個人と集団の力動的な相互関係（グループ・ダイナミクス）を積極的また教育的に活用し，児童の健全な人格形成を図ると

いう理論である。

（3）高度経済成長期における対象児童の変化

　高度経済成長期は，1960（昭和35）年代から1973（昭和48）年の石油危機までの時期である。この時期は，好景気の一方で，日雇い労働などの不安定な就労に従事する人びとの家庭が，生活困難，生活不安といった状況に置かれた。そのため，養護問題においても，従来の親の死や貧困といった単純な家庭崩壊から，精神病も含む親の疾病，行方不明，親の離別，未婚の母などに変化していった。こうした親の生活上の問題が相互に関連しあって複雑化し，その影響が，児童にもさまざまにあらわれるようになる。施設養護では，こうした児童のさまざまな課題に対応するため，高い専門性が求められるようになった。このような状況をうけて，1961（昭和36）年には，情緒障害児短期治療施設が，児童福祉施設として新たに「児童福祉法」に位置づけられた。

　この時期は，戦後直後から続く低劣な児童処遇と職員の労働実態が問題視され，職員増や「児童福祉施設最低基準」改定の要望が強まったことを背景に，職員配置基準などの改定が行われ，児童の生活水準も徐々に引き上げられた。

　また，1961（昭和36）年に小林提樹によって島田療育園，1963（昭和38）年に糸賀一雄によってびわこ学園が創設され，重度の心身障害児に対する先駆的な取り組みが開始された。1967（昭和42）年には，重症心身障害児施設が制度化された。

　高度経済成長を背景に1973（昭和48）年は，「福祉元年」といわれるまで社会福祉政策は拡大した。しかし，同じ年の第1次石油危機によって経済成長が停滞すると，一転して「福祉見直し」といわれるようになり，社会福祉政策の経費削減や合理化政策が推進された。

　養護施設においては，1973（昭和48）年に入所する児童の高校進学費用の支援が開始され，1988（昭和63）年には，中学卒業後に就職する児童の措置継続が可能になり，児童の処遇に進展がみられた。しかし，1979（昭和54）年の「児童福祉施設最低基準」改正における職員配置基準の引き上げ以降，30年以

上の間，社会的養護関連施設の職員配置基準は据え置かれた。

（4）児童の権利に関する条約批准

　1994（平成6）年には，国際連合によって1989（平成元）年に採択された「児童の権利に関する条約」がわが国においても批准され，権利主体としての児童という考え方が浸透する。これをうけ，1997（平成9）年には，第50次「児童福祉法」改正が実施され，児童福祉制度が大幅に改正された。

　2000（平成12）年には，「児童虐待の防止等に関する法律」，2001（平成13）年には，「配偶者からの暴力の防止及び被害者の保護に関する法律」が制定され，児童虐待やDV（ドメスティックバイオレンス）などの家庭内暴力に対する法整備が進められた。

　同じ時期，施設の小規模化と個別的ケア，早期の家庭復帰を推進するため，2000（平成12）年に「地域小規模児童養護施設」の創設，2004（平成16）年に家庭支援専門相談員（ファミリー・ソーシャルワーカー）の配置，被虐待児加算措置，自立援助ホームの拡充などが図られた。里親制度についても，2002（平成14）年「里親の認定等に関する省令」「里親が行う養育に関する最低基準」が制定された。

（5）近年の展開

　2011（平成23）年には，「民法」改正により，親権停止制度の新設など子の利益という観点からの親権制度の見直しが行われた。また，同じ年に社会保障審議会の専門部会によって「社会的養護の課題と将来像」報告書が発表され，社会的養護の基本的指針は，「家庭的養護の推進」，「専門的ケアの充実」，「自立支援の充実」，「家族支援，地域支援の充実」の4点であると打ち出された。これをうけて，同年10月には，厚生労働省令「児童福祉施設最低基準」が，「児童福祉施設の設備及び運営に関する基準」へと名称変更し改正された。

　2012（平成24）年には，「社会的養護施設の運営指針及び里親及びファミリーホームの養育指針について」が通知され，施設ごとの運営指針と里親やファミリーホームの養育指針が作成された。

《参考文献》

井村圭壮・相澤譲治編著『保育と社会的養護』学文社，2014 年

浦辺史編『児童養護問題』ミネルヴァ書房，1975 年

小田兼三・石井勲編『養護原理』ミネルヴァ書房，1982 年

神戸賢次・喜多一憲編『新選・児童の社会的養護原理』みらい，2011 年

櫻井奈津子編著『子どもと社会の未来を拓く　社会的養護の原理』青踏社，2011 年

清水教惠・朴光駿編著『よくわかる社会福祉の歴史』ミネルヴァ書房，2011 年

山縣文治編『よくわかる子ども家庭福祉』ミネルヴァ書房，2014 年

第3章

児童家庭福祉の一分野としての社会的養護

　現在，毎日のように繰り返される児童への虐待，暴力そしていじめ……それによって自虐的な行動に追い込まれざるをえない子どもたちもいる。子どもを取り巻く環境（物的・人的）の変化，特に社会や家庭における機能の脆弱化が，子どもの適切な養育環境下での発達に影響を与えていると感じられる。

　子どものさまざまな周囲へのサインとしての言動をどのように受け止めて，より良い方向に導いていくのかが問われている。つまり「行動」にはすべて意味があり，その意味を一つひとつを捉えながらその行動を揺り動かす感情，気持ちに共感し，周りにいる大人が早期に適切に対応することが緊急の課題である。この章においては子どもの問題を家庭全体を含む総合システムとして捉える視点とともに，ひとつの課題としてどのような継続的，系統的な支援が必要となるのかを考えていきたい。

第1節　児童福祉法などの一部を改正する 法律案の概要と社会的養護

　「全ての児童が健全に育成されるよう，児童虐待について発生予防から自立支援まで一連の対策の更なる強化等を図るため，児童福祉法の理念を明確化するとともに，母子健康包括支援センターの全国展開，市町村及び児童相談所の

22

体制の強化，里親委託の推進等の所要の措置を講ずる。」（平成29年4月1日施行）と記されている。その改正のなかでとくに，「被虐待児への自立支援」では，⑴親子関係再構築支援について，施設，里親，市町村，児童相談所などの関係機関等が連携して行うべき旨を明確化する。⑵都道府県（児童相談所）の業務として，里親の開拓から児童の自立支援までの一貫した里親支援を位置付ける。⑶養子縁組里親を法定化するとともに，都道府県（児童相談所）の業務として，養子縁組に関する相談・支援を位置付ける。⑷自立援助ホームについて，22歳の年度末までの間にある大学等就学中の者を対象に追加するとしている。このように児童虐待などで親と離れて暮らさざるをえない子どもが家庭に近い環境で愛情を共有しながら育つためには原則として里親などに委託することを「児童福祉法」のなかで盛り込んでいく方向性がある。

2016（平成28）年1月31日厚生労働省が行った「児童養護施設入所児童等調査」（平成25年2月1日現在）からは，何らかの理由で親と離れて暮らさざるをえない子どもの数は約46,000人と推定され，全国595ヵ所の児童養護施設には，その内約34,000人の子どもが暮らしている。入所理由は，児童虐待等が約60％を超えている。その意味でも児童養護施設は，社会的養護の中核を担ってきていると考えられる。平均の在籍期間は4.6年だが，12年以上の子どもも約6％いる。

それだけ虐待をうけた子どもとのかかわりにはむずかしさがある。愛着関係の再構築として「問題行動」と捉えていくのではなく，あくまでも「課題行動」として，その行動にある子どもの気持ち，感情，心の揺れをどのように受け止めていくかの視座が必要となる。子どもの課題行動（問題行動：この捉え方は，まず誰にとっての「問題行動」であるのかを考えなくてはならない。それは，子どもの「行動」の意味を子どもの視点に立って考察することが難しくなるばかりでなく，「問題」という言葉が独り歩きし，レッテルのような枠組みを無意識につくってしまう危険性があるため「問題行動」という言葉ではなく課題行動とした。その子どもが問題といわれるような行動をとらざるをえない状況に配慮しながら，行動の意味を理解する必

第3章　児童家庭福祉の一分野としての社会的養護　23

保護者のない児童，被虐待児など家庭環境上養護を必要とする児童などに対し，公的な責任として，社会的に養護を行う。対象児童は，約4万6千人。

里親　家庭における養育を		登録里親数	委託里親数	委託児童数	ファミリー	養育者の住居において
里親に委託		9,392世帯	3,487世帯	4,578人	ホーム	家庭養護を行う （定員5～6名）
区分	養　育　里　親	7,505世帯	2,763世帯	3,498人	ホーム数	218か所
（里親は	専　門　里　親	632世帯	162世帯	197人		
重複登録	養子縁組里親	2,445世帯	218世帯	213人	委託児童数	829人
有り）	親　族　里　親	471世帯	465世帯	670人		

施設	乳児院	児童養護施設	情緒障害児短期治療施設	児童自立支援施設	母子生活支援施設	自立援助ホーム
対象児童	乳児（特に必要な場合は，幼児を含む）	保護者のない児童，虐待されている児童その他環境上養護を要する児童（特に必要な場合は，乳児を含む）	軽度の情緒障害を有する児童	不良行為をなし，又はなすおそれのある児童及び家庭環境その他の環境上の理由により生活指導等を要する児童	配偶者のない女子又はこれに準ずる事情にある女子及びその者の監護すべき児童	義務教育を終了した児童であって，児童養護施設等を退所した児童等
施設数	131か所	595か所	38か所	58か所	258か所	113か所
定員	3,857人	34,044人	1,779人	3,815人	5,121世帯	749人
現員	3,069人	28,831人	1,310人	1,544人	3,654世帯 児童5,877人	430人
職員総数	4,088人	15,575人	948人	1,801人	1,972人	372人

小規模グループケア	943か所
地域小規模児童養護施設	269か所

※里親数，委託児童数は福祉行政報告例（平成25年3月末現在）
※施設数，ホーム数，定員，現員，小規模グループケア，地域小規模児童養護施設の箇所数は家庭福祉課調べ（平成25年10月1日現在）
※職員数（自立援助ホームを除く）は，社会福祉施設等調査報告（平成23年10月1日現在）
※自立援助ホームの職員数は家庭福祉課調べ（平成24年3月1日現在）
※児童自立支援施設は，国立2施設を含む

図3－1　社会的養護の現状　(1)施設数，里親数，児童数等

出所）厚生労働省「児童養護施設入所児童等調査」2013年

要がある），つまり子どもが抱える心の問題とともに，家庭，学校，友人，地域社会など，子どもを取り巻く環境（社会）の問題が複雑に絡み合って表出することにも注視していることが多いことがあげられる。

24

表3―1　児童養護施設の児童の年齢，在所期間，措置理由

① 児童養護施設の児童の年齢

単位：人数（人），[ ] 構成割合（％）

	在籍児の年齢				入所時の年齢			
	H20	H10	S62	S52	H20	H10	S62	S52
0歳～5歳	4,845 [15.3]	4,696 [17.4]	4,469 [15.1]	6,640 [21.1]	17,000 [53.8]	14,915 [55.3]	15,327 [51.9]	17,480 [55.4]
6歳～11歳	12,475 [39.5]	9,976 [37.0]	11,493 [38.9]	14,070 [44.6]	10,717 [33.9]	8,427 [31.2]	10,979 [37.2]	11,700 [37.1]
12歳～17歳	12,983 [41.1]	10,633 [39.4]	13,164 [44.5]	10,580 [33.5]	3,782 [11.9]	3,003 [11.1]	3,247 [11.0]	2,360 [7.5]
18歳以上	1,256 [4.0]	1,179 [4.4]	427 [1.4]	250 [0.8]	9 [0.0]	5 [0.0]	― [―]	― [―]
総数	31,593 [100.0]	26,979 [100.0]	29,553 [100.0]	31,540 [100.0]	31,593 [100.0]	26,979 [100.0]	29,553 [100.0]	31,540 [100.0]
平均年齢	10.6歳	10.2歳	10.9歳	9.4歳	5.9歳	5.7歳	6.4歳	―

注）総数には年齢不詳を含む。

② 在籍児童の在籍期間

単位：人数（人），[ ] 構成割合（％）

	H20	H10	S62	S52
4年未満	16,629 [52.6]	13,610 [50.4]	15,635 [52.9]	19,250 [61.0]
4年以上～8年未満	8,780 [27.8]	6,841 [25.4]	8,530 [28.9]	8,510 [27.0]
8年以上～12年未満	4,440 [14.1]	3,828 [14.2]	4,298 [14.5]	3,210 [10.2]
12年以上	1,653 [5.2]	1,612 [6.0]	1,090 [3.7]	570 [1.8]
総数	31,593 [100.0]	26,979 [100.0]	29,553 [100.0]	31,540 [100.0]
平均期間	4.6年	4.8年	4.5年	3.8年

注）総数には期間不詳を含む。

③ 児童の措置理由（養護問題発生理由）

単位：人数（人），[ ] 構成割合（％）

	H20	H10	S62	S52		H20	H10	S62	S52
（父・母・父母の）死亡	775 [2.5]	947 [3.5]	2,221 [7.5]	3,430 [10.9]	（父・母の）就労	3,055 [9.7]	3,834 [14.2]	328 [1.1]	300 [1.0]
（父・母・父母の）行方不明	2,197 [7.0]	4,020 [14.9]	7,757 [26.2]	9,060 [28.7]	（父・母の）精神疾患等	3,377 [10.7]	2,024 [7.5]	1,533 [5.2]	1,600 [5.1]
父母の離婚	1,304 [4.1]	2,292 [8.5]	5,941 [20.1]	6,190 [19.6]	虐待（放任・怠惰、虐待・酷使、棄児、養育拒否）	10,447 [33.1]	5,192 [19.2]	3,087 [10.4]	2,590 [8.2]
父母の不和	252 [0.8]	297 [1.1]	455 [1.5]	560 [1.8]	破産等の経済的理由	2,390 [7.6]	1,287 [4.8]		
（父・母の）拘禁	1,611 [5.1]	1,173 [4.3]	1,383 [4.7]	1,170 [3.7]	児童問題による監護困難	1,047 [3.3]	1,450 [5.4]		
（父・母の）入院	1,833 [5.8]	2,467 [9.1]	3,411 [11.5]	4,080 [12.9]	その他・不詳	3,305 [10.5]	1,996 [7.4]	3,437 [11.6]	2,560 [8.1]
					総数	31,593 [100.0]	26,979 [100.0]	29,553 [100.0]	31,540 [100.0]

出所）児童養護施設（旧養護施設）入所児童等調査

第2節　児童の権利に関する条約と社会的養護

　「児童の権利に関する条約」の前文のなかに「家族が，社会の基礎的な集団として，並びに家族のすべての構成員特に児童の成長及び福祉のための自然な環境として，社会においてその責任を十分に引き受けることができるよう必要な保護及び援助を与えられるべきであることを確信し，児童が，その人格の完全かつ調和のとれた発達のため，家庭環境の下で幸福，愛情及び理解のある雰囲気の中で成長すべき」と規定され，子どもは本来自分が生まれた環境のなかで見守られ，家庭のなかで愛情深く育まれていくことが期待される。しかし，不適切な環境のなかで声もあげられずにその環境に従わざるをえず生活をしている子どもたちもいる。社会の責任として，「児童福祉法」の第2条に「国及び地方公共団体は，児童の保護者とともに，児童を心身ともに健やかに育成する責任を負う」と示されている。改正案においては，「すべて国民は，児童が良好な環境において生まれ，かつ，社会のあらゆる分野において，児童の年齢及び発達の程度に応じて，その意見が尊重され，その最善の利益が優先して考慮され，心身ともに健やかに育成されるよう努めなければならない。② 児童の保護者は，児童を心身ともに健やかに育成することについて第一義的責任を負う。③ 国及び地方公共団体は，児童の保護者とともに，児童を心身ともに健やかに育成する責任を負う。」としている。子ども自身が本当に生まれてきてよかった，自分の親で良かったと思えるように，そして将来，家庭で親と暮らせるような環境醸成も社会的養護の目的である。

　また，「児童の権利に関する条約」は，子どもの権利に関する国際文書として法律的拘束力のある初めての歴史的な条約であり，「子どもの最善の利益の確保」として子どもを「生きる権利」「守られる権利」「育つ権利」「参加する権利」としての主体者であると考え，国の役割と責任の所在をはっきりと示すものとなった。日本においてこの条約の批准は1994（平成6）年4月に行われ

た。とくに，第20条「家庭環境を奪われた児童又は児童自身の最善の利益に
かんがみその家庭環境にとどまることが認められない児童は，国が与える特別
の保護及び援助を受ける権利を有する」においては，子ども自身は，その保護
を国に求めてうけられることを保障し，代替的な養護を確保しなければならな
いと明確に示し「子どもの家庭で暮らす権利」を明確にするものとなってい
る。家庭的な養護を充実させるために，2008年「里親支援機関事業」が始め
られ，さらなる里親制度の普及啓発が積極的に進められている。里親制度と同
様に養子縁組についても今回の「児童福祉法の一部を改正する法律」のなか
で，①児童を養子とする養子縁組に関する相談支援を，児童相談所の業務に
位置づけ，②養子縁組里親を法定化し，研修義務化や欠格要件，都道府県知
事による名簿登録を規程している。これにより，とくに児童相談所の業務につ
いて，養子縁組に関する相談支援と養子縁組里親が法に位置づけられたことに
より，さらなる取り組みを促進することにつながった。

第3節　社会的養護の目的と機能

　社会的養護の目的として，子どもが育つうえで適切な養育環境とともに，親
子関係の再構築が重要な支援になる。「社会的養護の課題と将来像の実現に向
けて」（平成23年7月）のなかで，社会的養護は原則として家庭的養護を優先
するとともに，施設養護もできる限り家庭的な養育環境の形態に変えていく必
要性があるとして，今後十数年間の社会的養護のあるべき姿を提示した。とく
に，取り組み状況の4項目目「4．社会的養護の質の向上，親子関係再構築の
充実，権利擁護など」には，子どもにとって，その生い立ちや親との関係につ
いて，自分の心のなかで整理をつけられるよう，親子関係の再構築について，
子どもに対する支援の必要性を提言している。またその機能として「養育機
能」（家庭での適切な養育をうけられない子どもの養育），「心理的ケア等の機能」
（適切な養育がうけられなかったことによる発達のゆがみや心の傷を回復），「地域支援

第3章　児童家庭福祉の一分野としての社会的養護　27

等の機能」(親子関係の再構築支援，自立支援，アフターケア，地域における養育の支援)の3点にまとめられた。今後の社会的養護の基本的な方向性として「家庭的養護の推進」，里親が必要な子どもの数を里親などの委託率を増やしていく方向性を加速させる。また里親制度の周知について，地域住民への啓発活動とともに里親自身のレスパイトケアを充実させることが必要となる。

　養子縁組についても特別養子縁組と普通養子縁組の充実を図る。「専門的ケアの充実」(被虐待児，発達障害をもつ子ども，知的な遅れをもつ子ども，情緒に不安をかかえる子ども，病児，病後児など，その特性に応じた個別の対応が必要な子どもたちに対して，専門的なケアの充実を目的とする)，「自立支援の充実」，職業観・勤労観を育みながら，将来幅広い職業について選択，決定ができうるように支援をしていく。また施設を退所してからの就労や社会生活などが円滑に進めていけるよう，継続的な安定を目指して支援していく。「家庭支援・地域支援の充実」，家庭機能の回復と子どもの安定となる場になるようアフターケアの充実を図る。里親との連携を強化し，市町村の実施している子育てにかかわるさまざまな事業を円滑かつ迅速に提供できるよう支援していく。社会資源を活用しながらネットワークをチームケアとして活用していくなどという4つの指標が示された。

《参考文献》

井村圭壮・相澤譲治編著『保育と社会的養護』学文社，2014年

厚生労働省「社会的養護の課題と将来像　児童養護施設等の社会的養護の課題に関する検討委員会・社会保障審議会児童部会社会的養護専門委員会とりまとめ　平成23年7月」2011年

厚生労働省「社会的養護の課題と将来像の実現に向けて　平成25年9月」2013年

流石智子監修『子ども家庭福祉』保育出版社，2016年

成清美治・吉弘淳一『児童や家庭に対する支援と児童・家庭福祉制度』学文社，2011年

第**4**章

児童の権利擁護と社会的養護

　子どもたちの社会環境は急激に変化しており，成長途中にある子どもたちはその変化から自ら自分を守ることが困難である。たとえばわが国では，保護者などによる児童虐待のニュースを聞かない日はなく，子どもの人権について考えさせられることが多い。また，世界をみると，紛争がおこっている国々では，子どもたちは毎日を生きることで精いっぱいである。そして子どもの成長に欠かせない安全，安心の場が確保されず，教育をうける権利すら保障されていない状況がある。どのような社会環境であっても，すべての子どもたちの人権を守り，子どもたちの未来に希望をもたせることが私たち社会の責任といえよう。

　本章では児童の権利を守るための取り組みをみていこう。

第1節　子どもの権利条約

　子どもたちの人権を守ることを「権利擁護」という。この語は英語でアドボカシー（Advocacy）といい，子どもの権利が侵害されそうな時それを未然に防いだり，子どもが自分の言葉で意見を表明できないとき，代弁するなど援助する活動のすべてをいう。

　わが国では，「日本国憲法」の第11条「基本的人権の尊重」，第13条「個人

30

の尊重と公共の福祉」，第25条「生存権」で，国民の自由の保障と責務，および国民の最低限度の保障を国の責務とすると規定している。また第27条では「児童酷使の禁止」を規定し子どもの人権保障を明記している。また「児童福祉法」では，第1条「すべて国民は，児童が心身ともに健やかに生まれ，且つ，育成されるよう努めなければならない。」，2「すべて児童は，ひとしくその生活を保障され，愛護されなければならない。」と児童福祉の理念が明記され，同法第2条「国及び地方公共団体は，児童の保護者とともに，児童を心身ともに健やかに育成する責任を負う。」と子どもの健全育成の責務についても明記されている。

　そして世界中の子どもの人権を包括的に守り，国際的な約束としてより具体的に実行していくために，国連では1989（平成元）年に「子どもの権利条約」が採択された。

　わが国はこの条約に1990（平成2）年に署名，1994（平成6）年に批准をしている。批准国は条約の規定に従うことが求められており，条約批准後2年以内，その後5年ごとに国連に自国の取り組みの報告を行う義務がある。そのためわが国も条約の批准により「児童福祉法」の改正，児童福祉事業の実施の見直し，充実をはかることがより一層求められている。

　「子どもの権利条約」は前文，本文54ヵ条，末文の構成からなっている。2015（平成27）年10月現在，196ヵ国が条約を締結している。条文は以下のように子どもの権利を守るための項目が明記されている。

　本条約では第1条で「児童とは18歳未満のすべての者をいう。」と児童の定義をしている。そして以下の4点を重要な基本理念としている。

1）あらゆる差別の禁止（第2条）

　児童又はその父母若しくは法定保護者の人種，皮膚の色，性別，言語，宗教，政治的意見その他の意見，国民的，種族的若しくは社会的出身，財産，心身障害，出生又は他の地位にかかわらず，いかなる差別もなしにこの条約に定める権利を尊重し，及び確保する。

第4章　児童の権利擁護と社会的養護　31

表4—1　子どもの権利条約

第1条：子どもの定義	第24条：病気の治療など医療を受ける権利
第2条：あらゆる差別の禁止	
第3条：子どもの最善の利益	第25条：施設に入所している子どもの権利擁護
第4条：国の責務	
第5条：親の指導の尊重	第26条：社会保障を受ける権利
第6条：生存と発達の権利	第27条：子どもの適切な生活水準の確保
第7条：名前・国籍をもつ権利	
第8条：名前・国籍・家族関係を守る	第28条：教育を受ける権利
第9条：親と引き離されない権利	第29条：子どもの教育への配慮
第10条：他の国にいる親と会える権利	第30条：少数民族・先住民の子どもへの配慮
第11条：他の国に連れ去られない権利	
第12条：意見を表す権利	第31条：余暇・休息の権利
第13条：表現の自由	第32条：経済的な搾取・有害な労働からの保護
第14条：思想・良心・宗教の自由	
第15条：結社・集会の自由	第33条：麻薬・覚せい剤などからの保護
第16条：プライバシー・名誉の保護	
第17条：適切な情報の入手の確保	第34条：性的搾取からの保護
第18条：親の養育の支援	第35条：誘拐・売買・取引の防止
第19条：虐待・放任からの保護	第36条：あらゆる搾取からの保護
第20条：家庭環境を奪われた児童の保護	第37条：拷問・死刑の禁止
	第38条：武力紛争からの保護
第21条：養子縁組への配慮	第39条：非人道的行為・刑罰・武力紛争から子どもの回復を支援
第22条：難民の子どもの保護と援助	
第23条：精神又は身体的な障害を有する子どもへの配慮	第40条：子どもの関する司法的措置

出所）ユニセフ http://www.unicef.or.jp/about_unicef/about_rig_index.html を一部改変

2）子どもの最善の利益（第3条）

児童に関するすべての措置をとるに当たり，児童の最善の利益が主として考慮される。

3）生存と発達の権利（第6条）

生命に対する児童の固有の権利を認めるものとし，児童の生存及び発達を可能な最大限の範囲において確保する。

4）意見を表す権利（第12条）

児童が自由に自己の意見を表明する権利を確保する。児童の意見は，その児童の年齢及び成熟度に従って相応に考慮される。

とくに第3条「子どもの最善の利益」は，子どもが健全に社会で成長していくために，子どもの親や保護者だけではなく保育士，児童指導員など児童福祉の専門職や関係者は常に頭に入れておかなければならない。

第2節　子どもの権利擁護の取り組み

わが国では，「子どもの権利条約」の締結後，権利擁護の活動がさまざまなかたちで萌芽し，実施されている。その活動は，施設内の子どもの処遇に対する支援（評価活動），児童の権利を代弁する活動，子どもの権利擁護の啓発活動などに分けることができる。

■ 社会的養護関係施設の第三者評価

児童福祉施設のなかでとくに社会的養護関係（児童養護施設，乳児院，情緒障害児短期治療施設，児童自立支援施設及び母子生活支援施設。以下同様）の施設に入所している子どもは自ら施設を選び入所をすることができず，また施設長が子どもの親権を代行することができる点で常に子どもたちへの処遇改善が求められている。そのために職員は自分の業務を見直し，入所児童へきめ細かい援助を提供する必要がある。

施設の質の確保については，わが国では2012（平成24）年より社会的養護関係施設について第三者評価を義務化したことで質の改善が期待されている。すでに「社会福祉法」第78条では「福祉サービスの質の向上のための措置等」を規定しており，2004（平成16）年よりすべての社会福祉事業者に対して第三者評価を実施しているところであるが，社会的養護関係施設においては，より細かく評価項目を設定している点が異なる。表4-2で第三者評価制度の主な

仕組みについてみる。

（1）第三者評価制度の内容

1）評価の目的

施設の職員が日常の業務の見直しを行うために自己評価を行い，施設内の処遇でできていることを見直し第三者に対してその取り組みを説明できるようになること。社会的養護施設においては，子どもの最善の利益の実現を目指し，施設運営の質の向上を図るために自己評価と第三者評価を実施する。

2）評価の実施期間

第三者評価指針通知に基づき3年に1回以上受審し，その結果を報告すること。

3）評価推進組織

全国社会福祉協議会が評価事業の全国推進組織となる。同組織は評価機関の認証，評価基準と手法，結果の取り扱い，調査者の養成研修及び継続研修などを実施する。また都道府県推進組織として，都道府県社会福祉協議会，公益法人または都道府県が適当と認める団体に評価事業を設置することができる。

4）評価基準

「福祉サービス第三者評価基準ガイドライン」に基づく53項目のすべてと，施設種別ごとの内容評価基準の項目と合わせて評価を実施する。

たとえば「児童養護施設」の評価基準では権利擁護の評価項目として，① 子どもの尊重と最善の利益の考慮，② 子どもの意向への配慮，③ 入所児の説明等，④ 権利についての説明，⑤ 子どもが意見や苦情を述べやすい環境，⑥ 被措置児童等虐待対応，⑦ 他者の尊重などがある。

5）結果の公表

第三者評価機関が評価結果を全国推進組織及び都道府県推進組織に提出し，全国推進組織がその結果を公表する。また都道府県推進組織においても公表をすることができる。

表4—2 社会的養護関係施設についての第三者評価の仕組み

○社会的養護関係施設については，子どもが施設を選ぶ仕組みでない措置制度等であり，また，施設長による親権代行等の規定もあるほか，被虐待児等が増加し，施設運営の質の向上が必要であることから，第三者評価の実施を義務付けることとした。
○受審の義務化に伴い，効果的な実施のため，また，施設の数が少ない中で評価機関が評価経験を蓄積して質の高い評価を行えるよう，原則として，全国共通の評価基準とし，社会的養護関係施設の評価についての評価機関の認証と評価調査者の研修を，全国推進組織である全国社会福祉協議会で広域的に行う仕組みとする。なお，都道府県推進組織で独自に評価基準を策定し，認証，研修を行うことも可能とする。

	社会福祉事業共通の第三者評価の仕組み（平成16年通知）	社会的養護関係施設についての第三者評価の特別の仕組み（平成24年通知）
受審	規定なし（受審は任意）	3年に1回以上受審しなければならない
評価基準	都道府県推進組織が策定した評価基準	全国共通の第三者評価基準。ただし，都道府県推進組織が独自に策定可能
評価機関	都道府県推進組織が認証した評価機関	全国推進組織が認証した評価機関（全国で有効） ただし，都道府県組織が認証した評価機関も可能
認証要件	福祉サービス第三者評価機関認証ガイドラインに基づいて都道府県推進組織が策定した第三者評価機関認証要件に基づき認証を行う。	全国推進組織の認証の場合は， ①社会福祉事業一般の評価のための都道府県認証を受けた評価機関については， ・全国推進組織の行う社会的養護評価調査者研修を終了 ・更新時には，3年で10か所以上の実施実績と評価の質が要件 ②未認証の機関については， ・①＋第三者評価機関認証ガイドラインによる要件 都道府県推進組織の認証の場合は， ・都道府県推進組織の行う社会的養護評価調査者研修 ・更新時には，一定以上の実績と評価の質が要件
研修	都道府県推進組織は，評価調査者養成研修及び評価調査者継続研修を行う。	全国推進組織は，社会的養護の施設に係る評価調査者養成研修及び評価調査者継続研修を行う。 ただし，都道府県推進組織の認証の場合は都道府県推進組織が研修を行う。
利用者調査	利用者調査を実施するよう努める。	利用者調査を実施する。
結果公表	公表することについて事業所の同意を得ていない第三者評価結果については，公表しない。	全国推進組織が，評価機関から報告を受け，評価結果を公表する。 なお，都道府県推進組織でも重ねて公表可能
自己評価	規定なし（自己評価は任意）	毎年度，自己評価を行わなければならない

※「全国推進組織」は，全国社会福祉協議会

出所）厚生労働省「社会的養護の現状について（参考資料）」2014年

6）自己評価の実施

　第三者評価を受審するに当たり，施設はあらかじめ評価基準に基づき，自己評価を行う。自己評価は職員個々が行い，職場全体で協議し，取り組み内容の自己点検を実施し，取り組みの改善を行う。また第三者評価を実施しない年度であっても自己評価を実施する。

　以上に述べた第三者評価の他に，2006（平成18）年に改正された「社会福祉法」では，児童福祉施設に限らず，すべての福祉サービスの利用者の苦情解決の制度が明記されており，サービス利用者を保護し，サービスに不満があるときは苦情を申し立てることができる。そして各都道府県に設置された運営適正化委員会がサービス利用者の苦情相談や福祉サービス事業（地域福祉権利擁護事業）の適正な運営を目指した監視を行い，福祉サービス利用者の権利擁護を実施している。

② 子どもの権利ノート

　前項で述べた児童福祉施設における第三者評価制度は，日ごろ子どもたちを支援している職員などに対してその処遇の改善，質の向上を目指して導入されたものである。しかし現実に施設で生活している子どもたちの生活は，ともすると職員との上下関係ができやすく，子どもが自分の気持ちを訴えることが難しい場合もある。そして時に施設内で職員による子どもたちへの虐待事例が報告されるなど，子どもたちの施設内で権利擁護の体制の確立が求められている。

　施設では子どもの権利条約の各項目に沿った形で「子どもの権利ノート」とよばれる冊子が各都道府県で作成されており，施設で生活する子どもたちの入所時や入所中などに施設の職員より子どもたちに配布され説明をうける。これは，施設内で子どもがのびのびと暮らせるように，また子どもが施設内で不当な扱いをうけることがないよう，子どもの権利意識を高める活動であると同時に，施設職員は子どもたちの権利を意識して日々の業務にあたることを再認識

36

する機会となる。子どもの権利ノートの内容は，子どもの年齢に応じてわかり
やすい言葉で記述されており，幼児や小学校の低学年の子どもたちにも，わかり
やすいように施設職員が説明をしなければならない。たとえば，青森県の子ど
もの権利ノートは『大きな家族の本〜これからの生活に向けて〜』[1]と題して，
以下のような前文と内容が記載されている。その一部を紹介する。

　また，2009（平成21）年に厚生労働省「被措置児童等虐待対応ガイドライ
ン」が通知され，施設内における子どもへの虐待の防止，早期発見，都道府県
児童福祉審議会による子どもの権利の支援体制を構築した。同通知で被措置児
童虐待とは，施設職員などが施設の子どもたちに行う行為として以下のように
定義している。

表4—3　青森県子どもの権利ノート『大きな家族の本〜これからの生活に向けて〜』

（〜大切なあなたへ〜）
　これか大きな家族の一員としての生活がはじまります。
　この『大きな家族の本』はあなたの不安や心配を少しでも軽くできるようにね
がって作りました。この本にはあなたができること，他のひとがあなたにしては
いけないことなどについて書いてあります。ひとはみんな，生まれた時から，安
心して生活する「権利を」もっています。あなたはひとりのひととして大切にさ
れます。あなたが安心して幸せに暮らせるように，この『大きな家族の本』を使
ってください。」

（もくじ）
- 『大きな家族の本』の登場人物
- どうして住むところがかわるの？
  そこはどんなところ？
- そこにはどんなひとがいるの？
- 持っていけるものはなあに？
- 知りたいことや調べたいことがある
  ときは？
- 嫌なことがあったときは？
- 伝えたいことがあるときは？　どう
  やって相談すればいいんだろう？
  ・ぼくは直接話ができるよ！

- ・わたしは直接話せない……
- ・ほかに方法はないの？
- 秘密は守ってくれるの？
- 自分のことや家族のことを知りたい
  ときは？
- 家族とは会えるの？
- けがをしたり病気になったら？
- 学校や進路はどうなるの？
- 施設を出たあとに困ったときは？

出所）青森県子どもの権利ノート『大きな家族の本〜これからの生活に向けて〜』を一部改変

第4章　児童の権利擁護と社会的養護　37

(1)　被措置児童等の身体に外傷が生じ，または生じるおそれのある暴行を加えること。

(2)　被措置児童等にわいせつな行為をすることまたは被措置児童等をしてわいせつな行為をさせること。

(3)　被措置児童等の心身の正常な発達を妨げるような著しい減食または長時間の放置。

　　同居人若しくは生活を共にする他の児童による前2号または次号に掲げる行為の放置その他の施設職員等としての養育または業務を著しく怠ること。

(4)　被措置児童等に対する著しい暴言または著しく拒絶的な対応その他の被措置児童等に著しい心理的外傷を与える言動を行うこと。

3　児童の権利を代弁し意見を表明する活動（オンブズパーソン制度）

　子どもたちが社会生活のなかで不利益を被るようなことがないように，子どもの生活を広く擁護し，また子どもの声を代弁して広く社会に訴える組織と人をオンブズパーソンとよんでいる。わが国は，「子どもの権利条約」を批准したことにより地方自治体や民間組織が子どもたちの権利を擁護し意見を代弁するために，この活動が広まっている。

　たとえば，兵庫県川西市は1995（平成7）年4月に「子どもの人権と教育」検討委員会を設置し，子どもの権利条約の理念を具体的に生かすために1998（平成10）年12月に，わが国最初のオンブズパーソン条例を制定した。条例により3人のオンブズパーソンが任命され，子どもの人権を守るための以下のような活動を行っている。

1）オンブズパーソンの職務（第6条）

(1)　子どもの人権侵害の救済に関すること。

(2)　子どもの人権の擁護及び人権侵害の防止に関すること。

38

(3) 子どもの人権の擁護のために必要な制度の改善等の提言に関すること。

2）救済の申し立て等（第10条）

(1) 子ども及びおとなは，何人も本市内の子どもの人権に係る事項についてオンブズパーソンに相談することができる。

(2) 本市内の子ども又はおとなは，個人の資格において，本市内の子どもの人権に係る事項について，オンブズパーソンに養護及び救済を申し立てることができる。

(3) 申し立ては，口頭又は文書ですることができる。

(4) 申し立ては，代理人によってすることができる。

川西市同様に，埼玉県子どもの権利擁護委員会，大田区福祉オンブズパーソン条例，川崎市人権オンブズパーソン条例などがある他，制度化はされていないものの市民オンブズマンの活動のなかで，子どもの権利擁護を包括している活動も多くある。

４　子どもの権利擁護のためのネットワーク，啓発活動

子どもが日常生活，学校生活でおこるさまざまな悩みを親や教師に訴えることができないとき電話などで相談に応じ，適切に他の機関や子どもを支援する団体につなげて，子どもの権利侵害を未然に防ぐ取り組みを行っている。たとえば，「大阪児童虐待ホットライン」は大阪市が開設し，24時間365日の体制で児童虐待の通告・相談に対応している。またメールでの相談も受け付けている。また「NPO法人大阪児童虐待防止協会」では，子どもの虐待ホットラインで電話相談を受け付けているほか，子育てに悩む保護者を対象にグループケア事業を実施して，保護者同士の悩みを共有する場を提供している。さらに，児童福祉の関係者や保護者を対象にした研修会の実施，広報紙の発行，虐待防止の啓発活動の一環としてDVDの発行などを行っている。同様に愛知県「CAPNAホットライン」，法務省「子どもの人権110番」などがある。また，

第4章　児童の権利擁護と社会的養護　39

「NPO 法人児童虐待防止全国ネットワーク」は，児童虐待防止に取り組む各種民間事業者と大規模なネットワークを構築しており，児童虐待防止のための広報，啓発活動，研修活動，全国大会を実施している。この活動はオレンジリボンキャンペーンとよばれている。

第3節　子どもの権利をより一層守るための近年の動き

1　子どもの権利を擁護し養育条件を高めるために

　社会福祉法人全国社会福祉協議会「子どもの権利を擁護し養育条件を高めるために」は，2010（平成22）年10月に，社会的養護関係施設の入所児童の人権擁護とより処遇改善をすすめるために，施設の現場の視点から提言を行っている。本提言では，現行の社会的養護関係施設は施設に入所している子どもの「最善の利益」のために，入所児童の現状に応じた形で今後，社会的養護関係施設は移行期間を設けて再編する必要があると述べている点が注目される。

　提言によると，社会的養護の措置入所児童数の 64.85％が児童養護施設の入所児であり，児童養護施設の 90％以上の子どもたちは大舎制で生活をしているため，入所している子どもたちの処遇をより良くするために，施設の小規模化を進めることが必要としている。

　また，児童養護施設と他の社会的養護施設との連携についても言及しており，乳児院では，措置の連続性の観点から同一敷地内で2種別以上の施設を設置する場合は，児童の生活単位や職員を柔軟に配置するなどして総合的な組織運営が望まれるとしている。

　情緒障害児短期治療施設については，同施設に入所している児童の状況が多様化していることから，施設の名称を「児童療育施設」に変更し，その機能を子どもたちの状況に配慮して，① 病院（医療）型，② 学校型，③ 生活型に分類し専門家を配置すべきとしている。さらに，児童家庭支援センターや児童相談所とも連携をして治療的観点からのネットワークを構築する必要があるとし

ている。

　里親養護との連携については，「子どもの最善の利益」の追求のために児童
養護について「里親」か「施設」かのどちららかではなく，いつでも子どもの
状況に応じて対応できるように，カンファレンスを開催し保護者支援を行える
よう，施設養護と里親養護の共同体制が必要と提言している。

　社会的養護関係施設に入所している子どもの状況は多様化しており，以上の
提言は今後のわが国の児童養護を考えるうえで貴重である。

2 　民法などの一部を改正する法律（親権制度の見直し）

　わが国は 2000（平成 12）年の「児童虐待の防止等に関する法律」の制定以
降，これまで児童虐待の現状に対応するために適宜，同法を改正した。[3] しかし
残念ながら虐待の相談件数は増加の一途をたどっており，とくに保護者が親権
をもとに "しつけ" と称して子どもを虐待するケースも後を絶たない。これま
でも保護者の親権喪失については何度も検討されてきたが，実際の親権停止の
運用では保護者は親権の一切を喪失することになり，児童虐待防止や家族再統
合の福祉の観点から親権の規定を見直す必要があった。

　そこで 2011（平成 23）年 6 月に親権制度を見直すための民法などの改正が行
われ，2012（平成 24）年 4 月より施行された。これにより保護者の「懲戒権」，
「監護教育権」については「子の利益のために」という言葉が加えられ，すべ
て，子どもの利益のためにという理念が明確になった。

（1）改正の要点

　民法の改正後の親権喪失の具体的な事項を以下にみる。

1 ）親権の喪失の制度などの見直し

(1)　2 年以内の期間に限り親権を行うことができないようにする親権停止制
　　度の新設（民法）

(2)　親権の喪失等の家庭裁判所への請求権者の見直し（民法，児童福祉法）

(3)　施設長等の権限と親権との関係の明確化（児童福祉法）

第4章　児童の権利擁護と社会的養護　41

2）未成年後見制度などの見直し

(1)　法人又は複数の未成年後見人の許容（民法）

(2)　里親等委託中及び一時保護中の児童相談所長の親権代行について規定
（児童福祉法）

3）その他

(1)　子の監護及び教育が子の利益のためにされるべきことを明確化（民法）

(2)　懲戒に関する規定の見直し（民法）

(3)　離婚後の子の監護に関する事項の定めとして面会交流等を明示（民法）

(4)　その他，所要の規定の整備（民法，児童福祉法，家事審判法，戸籍法など）

　これまで児童の権利擁護の取り組みについてみてきたが，まずは児童に関わる者が常に権利擁護意識を持ち続けていることが大切である。

《注》

1）青森県子どもの権利ノート『大きな家族の本～これからの生活に向けて～』
　2005年

2）全国社会福祉協議会・全国児童養護施設協議会（制度政策部・児童養護施設の
　あり方検討プロジェクト）「子どもの権利を擁護し養育条件を高めるために」
　2010年

3）「児童虐待の防止等に関する法律」について詳しくは第14章を参照のこと。

《参考文献》

植木祐子「児童虐待防止のための親権制度の見直し～民法等の一部を改正する法律
　案～」『立法と調査』No.320，参議院事務局企画調整室，2011年

厚生労働省「社会保障審議会児童部会児童虐待防止のための親権の在り方に関する
　専門委員会報告書」『児童の権利利益を擁護するための方策について』2011年

厚生労働省・社会的養護第三者評価推進研究会監修『児童養護施設運営ハンドブッ
　ク』2014年

全国社会福祉協議会・全国児童養護施設協議会「子どもの権利を擁護し養育条件を
　高めるために～児童養護施設のあり方検討プロジェクト・提言～」2010年

ユニセフ http://www.unicef.or.jp/（日本ユニセフ協会）

第5章

社会的養護の制度と法体系

第1節　社会的養護制度の仕組み

　社会的養護のサービスは主に措置制度とよばれる仕組みで提供されている。従来，社会的養護の分野に限らず高齢者や障がい者も含め，福祉サービス全般は措置制度のもとに提供されていた。その後，2000（平成12）年よりスタートした社会福祉基礎構造改革により，多くの福祉サービスが措置制度から利用契約制度による提供へと転換が図られた。しかし，現在でも社会的養護のサービスは一部を除き，措置制度によって提供されている。ここでは，これらサービス提供の制度について説明する。

■　措置制度

　措置制度とは，各福祉法に基づき，行政機関（都道府県・市町村）による処分として援護，育成，更生に関する福祉サービスを決定し，提供する仕組みである。具体的には施設の入所や在宅サービスの利用，金品の給付・貸与などを都道府県・市町村が決定することである。この制度は第2次世界大戦後，約50年間福祉サービス提供の根幹となっていたが，柔軟性を欠き，利用者中心のサービス提供を行うことが困難であることから，多くのサービスが利用契約に基づく方式に転換されていった。しかし，乳児院，児童養護施設，情緒障害児短

期治療施設，児童自立支援施設については措置制度が継続されている（障害児入所施設は原則利用契約であるが，措置に基づく入所もある）。措置制度には上述のようなマイナス面がある反面，行政のもつ権力によって児童を保護することができる，というプラス面がある。児童福祉施設の入所を利用契約方式にすると，その契約は児童ではなく，保護者が行うこととなる。児童の家庭環境はさまざまであり，本来社会的養護の必要性のある児童であっても，保護者がそれを認識し，施設利用に同意するとは限らない。虐待のケースではなおさらである。そこで，これら施設については児童の権利擁護を目的に行政機関の強い関与を残しているものといえる。

2 利用契約制度

利用契約制度とは，利用者が事業者と対等な関係に基づいてサービスを選択し，契約して利用する仕組みである。利用契約制度では，保護者が行政に対して申請し，行政の利用要件確認を経て，直接事業者と契約する仕組みとなる。社会的養護の分野においては，障害児入所施設や母子生活支援施設への入所，放課後等デイサービスや児童発達支援センターの利用といった障害児サービスがこれに該当する。

第2節 社会的養護の法律

I 児童福祉法

この法律は 1947（昭和 22）年に制定された社会福祉六法のひとつである。この法律は何らかの保護を必要とする児童だけではなく，すべての児童を対象にその人権を保障しているところが特徴である。第1条には「すべて国民は，児童が心身ともに健やかに生まれ，且つ，育成されるよう努めなければならない。」「すべて児童は，ひとしくその生活を保障され，愛護されなければならない。」という理念が定められている。さらに第2条では「国及び地方公共団体

は，児童の保護者とともに，児童を心身ともに健やかに育成する責任を負う」となっており，児童育成にあたっての公的責任が明確化されている。

次に，「児童福祉法」において社会的養護に関連する事項について説明する。児童虐待など保護を必要とする児童については，「保護者のない児童又は保護者に監護させることが不適当であると認められる児童」と定義している。そして，要保護児童を発見した者は市町村，都道府県の設置する福祉事務所もしくは児童相談所に通告しなければならないことになっている。この通告をうけた児童について，市町村は第27条の措置を必要と認めるときは児童相談所に送致することとされている。また，都道府県の設置する福祉事務所長についても，第27条の措置を必要と認めるときは児童相談所に送致することとされている。この第27条の措置とは，児童やその保護者への訓戒，指導のほか「児童を小規模住居型児童養育事業を行う者若しくは里親に委託し，又は乳児院，児童養護施設，障害児入所施設，情緒障害児短期治療施設若しくは児童自立支援施設に入所させること」をさしている。また，児童相談所長は措置をとるにいたるまで，一時保護をすることができるとされている。

2 児童虐待防止法（児童虐待の防止等に関する法律）

「児童虐待の防止等に関する法律」（以下「児童虐待防止法」）は2000（平成12）年に施行された。「児童福祉法」においても児童虐待への対応が図られてきたが，虐待の急増に対し，より積極的な虐待防止施策を推進することを目的に制定された。この法律では，保護者（保護者以外の同居人を含む）がその監護する児童に対し，「身体的虐待」「性的虐待」「ネグレクト（養育放棄）」「心理的虐待」を行うことを虐待と定義した。心理的虐待のなかには児童の同居する家庭における配偶者に対する暴力（DV）も含まれている。また，児童虐待の禁止・予防・早期発見その他に関する国及び地方公共団体の責務，被虐待児の保護・自立支援の措置などが定められた。虐待の早期発見については，「学校，児童福祉施設，病院その他児童の福祉に業務上関係のある団体及び学校の教職

員，児童福祉施設の職員，医師，保健師，弁護士その他児童の福祉に職務上関係のある者は，児童虐待を発見しやすい立場にあることを自覚し，児童虐待の早期発見に努めなければならない」とされ，教育，福祉，医療関係者などに対し，努力を促している。また，「児童虐待防止法」では「児童福祉法」と比較して，虐待の通告についても一歩踏み込んだ内容となっており，虐待をうけている児童だけでなく，虐待をうけたと思われる児童も市町村，都道府県の設置する福祉事務所もしくは児童相談所に通告しなければならないことになった。さらに虐待をしている保護者などに対して都道府県知事は出頭要求や立入調査などを行うことができるようになった。このように深刻化する児童虐待問題に対して，行政が強い権限を行使できるようになっている。

3 母子及び父子並びに寡婦福祉法

　この法律は，1964（昭和39）年に制定され，経済的また社会的に不安定な立場におかれることの多い母子家庭に対し，主に経済的支援や就労の支援を行うことを目的としている。法制定当初は，母子家庭のみを対象としていたが，1981（昭和56）年に寡婦も対象となり「母子及び寡婦福祉法」となった。さらに2003（平成15）年より一部父子家庭も対象となった。2014（平成26）年には父子家庭への支援が拡大され，「母子及び父子並びに寡婦福祉法」となっている。第1条において，「母子家庭等及び寡婦の福祉に関する原理を明らかにするとともに，母子家庭等及び寡婦に対し，その生活の安定と向上のために必要な措置を講じ，もって母子家庭等及び寡婦の福祉を図ることを目的とする」と目的が掲げられ，第2条において，基本理念として「児童が，その置かれている環境にかかわらず，心身ともに健やかに育成されるために必要な諸条件と，その母子家庭の母及び父子家庭の父の健康で文化的な生活とが保障されるものとする」とされている。また，具体的な措置として，母子・父子・寡婦福祉資金の貸付け，母子・父子・寡婦日常生活支援事業，母子・父子・寡婦就業支援事業，母子・父子福祉施設について規定をしている。

4 児童扶養手当法

　この法律は1961（昭和36）年に制定され，何らかの理由でひとり親となっている家庭の生活の安定と自立の促進のために児童扶養手当を支給し，児童福祉の増進を図ることを目的としている。制定当初は母子家庭のみが対象であったが，2010（平成22）年より父子家庭もその対象となっている。この支給は児童が18歳を迎えた年度の3月末まで（重度障害児の場合は20歳まで）となっており，所得制限がある。

5 特別児童扶養手当等の支給に関する法律

　この法律は1964（昭和39）年に制定され，障がい児や重度障がい者に対して手当を支給し，福祉の増進を図ることを目的としている。手当は以下のように3種類に分かれている。いずれも受給にあたっては所得制限や在宅生活者のみを対象とするなどの制限がある。

1）特別児童扶養手当

　20歳未満の精神または身体に障がいのある児童を家庭で監護・養育する父母などに支給される。

2）障害児福祉手当

　20歳未満で精神または身体に重度の障がいがあり，日常生活において常時の介護を要する児童が在宅生活をする場合に支給される。

3）特別障害者手当

　20歳以上であって，いちじるしく重度の障がいの状態にあるため，日常生活において常時特別の介護を必要とする者（特別障害者）が在宅生活をする場合に支給される。

6 児童手当法

　この法律は1971（昭和46）年に制定され，児童を養育している者に児童手当を支給することにより，家庭などにおける生活の安定に寄与するとともに，次

代の社会を担う児童の健やかな成長に資することを目的としている。法制定当初は第3子以降の児童を対象とするなどの制限があったが，その後対象範囲が拡大されてゆき，現在では第1子から義務教育終了前までとなっている。この手当も子育ての経済的支援を目的としているので，所得制限がある。

7 児童買春，児童ポルノに係る行為等の処罰及び児童の保護等に関する法律

この法律は1999（平成11）年に制定され，児童買春，児童ポルノに係る行為などを規制，処罰し，これらの行為などにより心身に有害な影響をうけた児童の保護のための措置などを定めることにより，児童の権利を擁護することを目的としている。

8 配偶者からの暴力の防止及び被害者の保護等に関する法律（DV防止法）

この法律は2001（平成13）年に制定された。従来，配偶者からの暴力はいちじるしい人権侵害であるにもかかわらず，被害者の救済は十分には行われていなかった。また，児童のいる家庭におけるDVは児童に対しても心理的虐待となり，その影響も大きい。そこで，配偶者からの暴力に係る通報，相談，保護，自立支援などの体制を整備することにより，配偶者からの暴力の防止及び被害者の保護を図るために制定された。

9 子ども・子育て支援法

この法律は，急速に進行する少子化の改善を目的に子どもを産み，育てやすい社会づくりを目指して，2012（平成24）年に制定された。「子ども・子育て支援法」と「認定こども園法の一部改正」，「子ども・子育て支援法及び認定こども園法の一部改正法の施行に伴う関係法律の整備等に関する法律」の3法をあわせて，子ども子育て関連3法とよばれている。この法律の主なポイントと

第5章　社会的養護の制度と法体系　49

しては，認定こども園，幼稚園，保育所を通じた共通の給付の創設，認定こども園制度の改善，地域の実情に応じた子ども・子育て支援の充実などを主な柱にしている。この法律に基づく子ども・子育て支援新制度のうち，社会的養護に関連するものとして，「子育て短期支援」「乳児家庭全戸訪問」「養育支援訪問」があげあれる。「子育て短期支援」には短期入所生活援助（ショートステイ）事業と夜間養護等（トワイライトステイ）事業とがある。ショートステイは，保護者の出張や冠婚葬祭，病気などにより，子どもの保育ができない場合に，短期間の宿泊で子どもを預かるものである。またトワイライトステイは，平日の夜間などに子どもの保育ができない場合に，一時的に子どもを預かるものである。これら事業は2003（平成15）年より「児童福祉法」で法定化され，児童養護施設や母子生活支援施設などで実施されているが，ショートステイ720ヵ所，トワイライトステイ374ヵ所（平成26年度）と少ない。「乳児家庭全戸訪問」「養育支援訪問」はともに2008（平成20）年より「児童福祉法」で法定化されたものである。「乳児家庭全戸訪問」は乳児のいる家庭をすべて訪問し，情報提供や相談助言，乳児及び保護者の状況把握などを行うもので，「養育支援訪問」はとくに支援を必要とする子育て家庭を訪問し，相談助言などを行うものである。これら事業は児童虐待の予防，早期発見に効果が期待され，現在多くの市町村で実施されている。

《参考文献》
相澤仁・林浩康編『基本保育シリーズ6　社会的養護』中央法規，2015年
井村圭壮・相澤譲治編著『保育と社会的養護』学文社，2014年
井村圭壮・相澤譲治編著『保育実践と社会的養護』勁草書房，2016年
大竹智・山田利子編『保育と社会的養護原理』みらい，2013年
櫻井奈津子編『保育と児童家庭福祉（第2版）』みらい，2016年
山縣文治・林浩康編『よくわかる社会的養護（第2版）』ミネルヴァ書房，2013年
山縣文治・柏女霊峰編『社会福祉用語辞典（第9版）』ミネルヴァ書房，2013年

第6章

社会的養護の仕組みと実施体系

第1節　国及び地方公共団体

1　国

　社会的養護に関する国の業務を担う機関は厚生労働省である。厚生労働省にはいくつかの部局が設置されているが，社会的養護など児童家庭福祉行政については，雇用均等・児童家庭局が担当している。そのなかには，総務課，虐待防止対策室，家庭福祉課，育成環境課，保育課，母子保健課などがある。社会的養護に関する厚生労働省の業務は，虐待防止や障がい児福祉などの施策，都道府県に対する指導など，福祉行政全般に関する中枢機能を担っている。

2　地方公共団体

（1）都道府県

　都道府県の社会的養護に関する業務は「児童福祉法」第11条に規定されている。具体的には，市町村の業務の実施に関し，市町村相互間の連絡調整，市町村に対する情報の提供，市町村職員の研修その他必要な援助を行うこと及びこれらに付随する業務を行うこととなっている。また，児童及び妊産婦の福祉に関して，市町村の区域を超えた広域的な見地からの実情把握，専門的知識や技術の提供，必要な調査や専門的な技術を伴う判定，子どもや保護者への指

導，一時保護などを行うことになっている。

（2）市町村

　市町村の社会的養護に関する業務は「児童福祉法」第10条に規定されている。具体的には，児童及び妊産婦の福祉に関し，必要な実情の把握，情報提供，家庭その他からの相談に応じ，必要な調査及び指導を行うこと，となっている。また，家庭からの相談対応にあたり，専門的な知識及び技術を必要とする場合は児童相談所の技術的援助及び助言を，また医学的，心理学的，教育学的，社会学的及び精神保健上の判定を必要とする場合には児童相談所の判定を求めなければならない，とされている。以前は，虐待への対応や子育て相談などについて，都道府県の設置する児童相談所が担当していたが，2004（平成16）年の「児童福祉法」改正により，第一義的な対応窓口が市町村に移管された。これは急増する児童虐待問題に対応するために，児童相談所は高度な専門性が求められる困難事例への対応と市町村への後方支援に重点をおくことになったからである。したがって，市町村は児童相談所の支援をうけながら，比較的軽微なケースを担当し，児童相談所は緊急かつ困難なケースを担当するといった役割分担がなされている。

第2節　実施機関

I　児童相談所

　児童相談所は「児童福祉法」第12条に規定されており，都道府県及び政令指定都市に対し，設置が義務づけられている。また中核市は任意設置となっている。児童相談所は18歳未満の児童や家庭，その他から寄せられる相談に応じ，必要な調査，診断，判定を行う。そして，判定の結果，必要に応じて施設入所措置や里親委託措置を行う。さらに児童相談所には虐待をはじめ，さまざまな援護を必要とする児童の保護や観察，指導を目的とした一時保護の機能もある。こうした業務を遂行するために，児童相談所には，総務部門，相談措置

第6章　社会的養護の仕組みと実施体系　53

部門，判定部門，一時保護部門があり，所長，児童福祉司，児童心理司，医師，保健師，児童指導員，保育士などが配置されている。

　児童相談所が扱う相談内容は，① 養護相談（保護者の家出，失踪，死亡，離婚，入院などによる養育困難児，棄児，迷子，虐待をうけた子ども，親権を喪失した保護者の子，後見人をもたぬ児童など環境的問題を有する子ども，養子縁組に関する相談），② 障がい相談（知的障がい，肢体不自由，重症心身障がい，視聴覚障がい，言語発達障がい，自閉症など障がいのある子どもの相談），③ 非行相談（嘘言癖，家出，浮浪，乱暴，性的逸脱などのぐ犯行為，飲酒，喫煙などの問題のある子ども，触法行為があった子どもに関する相談），④ 育成相談（育児・しつけ，性格行動，適性，不登校などの相談），⑤ その他の相談となっている。これら相談は，多い順に障がい相談，養護相談，育成相談となっているが，近年，養護相談が増加してきている。これは虐待相談件数の急増によるものである。

　以上のように，児童相談所は社会的養護にあたって第一線で専門業務に関わる専門機関といえる。

2　福祉事務所

　福祉事務所は「社会福祉法」第14条に規定されており，都道府県及び市（特別区）に対して設置が義務づけられている。町村については任意設置である。福祉事務所のうち都道府県の福祉事務所と市町村の福祉事務所とでは所管する法律が異なり，前者は「生活保護法」，「児童福祉法」，「母子及び父子並びに寡婦福祉法」の三法，後者は「生活保護法」，「児童福祉法」，「母子及び父子並びに寡婦福祉法」，「老人福祉法」，「身体障害者福祉法」，「知的障害者福祉法」の六法を担当している。福祉事務所には，所長のほか，指導監督を行う所員，現業を行う所員，事務を行う所員がおかれている。福祉事務所の社会的養護の分野における業務としては，児童及び妊産婦の福祉に関する実情把握，相談及び指導，福祉の措置を必要とする児童の児童相談所送致，助産施設や母子生活支援施設への入所措置などがある。また，福祉事務所には家庭児童福祉に

関する相談や指導業務の充実と強化を目的に家庭児童相談室も設けられている。ここでは，家庭相談員が配置され，児童や家庭に関する福祉の相談業務が行われている。

3 保健所

保健所は「地域保健法」に規定されており，都道府県，政令指定都市，中核市に設置義務がある。保健所は地域における公衆衛生，地域住民の健康の保持及び増進を目的とした事業を行っている。社会的養護との関係においては，乳幼児健診の実施などにより虐待の早期発見や予防といった役割を果たしている。また，「児童福祉法」でも児童福祉分野における保健所の業務が規定されている。具体的には，児童の保健についての衛生知識の普及，児童の健康相談，健康診査，保健指導を行うこと，障がいのある児童の療育に関する指導，児童福祉施設に対する栄養，衛生に関する指導などを行うことである。

4 児童家庭支援センター

児童家庭支援センターは，「児童福祉法」第44条の2に規定される児童福祉施設である。1997（平成9）年の「児童福祉法」改正により，1998（平成10）年度より設置されることになった。この施設は，地域の児童福祉に関する問題について，家庭その他からの相談に応じ，必要な助言を行うとともに，市町村に対して技術的助言及び援助を行うほか，児童相談所長や都道府県から委託をうけて保護を要する児童などの指導を行い，あわせて児童相談所，児童福祉施設などとの連絡調整などを総合的に行うことを目的としている。児童家庭支援センターには，運営管理責任者，相談・支援を担当する職員，心理療法を担当する職員が配置されている。この施設の多くは，乳児院，児童養護施設など児童福祉施設に附設されており，児童相談所を補完する支所としての役割や地域における身近な児童相談機関としての役割が期待されている。

5 児童委員・主任児童委員

児童委員は「児童福祉法」に基づき，市町村の区域に配置されている。児童委員は「民生委員法」に基づく民生委員も兼務しており，都道府県知事の推薦をうけて，厚生労働大臣の委嘱により任命される無報酬の非常勤特別職公務員である。児童委員の職務としては，児童及び妊産婦の生活状況を把握し，福祉サービスの適切な利用のための情報提供及び援助を行うこと，児童福祉司または福祉事務所の社会福祉主事の行う職務への協力，などがあげられる。

主任児童委員は 1994（平成6）年より開始された，区域を担当せず児童福祉のみを担当する委員である。主任児童委員の職務は，児童の福祉に関する機関と児童委員との連絡調整を行うとともに，児童委員の活動に対する援助及び協力を行うことである。

第3節　児童福祉審議会

児童福祉審議会については，「児童福祉法」により規定されている。都道府県・政令指定都市には児童福祉に関する審議会，その他合議制の機関として「都道府県児童福祉審議会」を設置することとされている。同審議会は，児童，妊産婦及び知的障がい者の福祉に関する事項を調査審議する。

市町村においては，児童福祉に関する審議会，その他の合議制の機関を置くことができる。「都道府県児童福祉審議会」及び「市町村児童福祉審議会」は，諮問に答え，または関係行政機関に意見を具申することができることになっている。また，とくに必要があると認めるときは関係行政機関に対し，所属職員の出席説明及び資料の提出を求めることができる。

児童福祉審議会の委員は，児童または知的障がい者の福祉に関する事業に従事する者及び学識経験のある者のうちから，都道府県知事または市町村長が任命することになっている。児童福祉審議会において，特別の事項を調査審議するため，必要があるときは，臨時委員を置くことができる。児童福祉審議会の

臨時委員は，児童または知的障がい者の福祉に関する事業に従事する者及び学識経験のある者のうちから，都道府県知事または市町村長が任命する。

　国の「社会保障審議会」及び「都道府県児童福祉審議会」は，児童及び知的障がい者の福祉を図るため，芸能，出版物，玩具，遊戯などを推薦し，またはそれらを製作し，興行し，もしくは販売する者などに対し，必要な勧告をすることができる。

《参考文献》
井村圭壯・相澤譲治編著『保育と社会的養護』学文社，2014 年
井村圭壯・相澤譲治編著『保育実践と社会的養護』勁草書房，2016 年
林邦雄・谷田貝公昭監修『社会的養護』一藝社，2014 年
春見静子・谷口純世・加藤洋子編著『（改訂）社会的養護』光生館，2016 年
吉田明弘編著『保育士のための社会的養護』八千代出版，2015 年

第7章

家庭養護と施設養護

第1節　社会的養護の体系

Ⅰ　家庭養護と施設養護とは何か

　この章では，家庭養護と施設養護とは何かを学び，家庭養護の推進の経緯について理解を深めていくこととする。

　2011（平成23）年に出された「社会的養護の課題と将来像」では，社会的養護と一般の子育て支援施策の連続性を指摘しており，社会的養護の対象範囲をこれまでの要保護児童だけではなく，地域で暮らす家庭への支援まで広げることを示している。

　さらに2017（平成29）年に改正が予定されている「児童福祉法」では，第1条から第3条まで児童家庭福祉の理念にあたる部分が改正され，家庭における養育が第一義的なものであり，これが難しい場合であっても，「できる限り<u>良好な家庭環境</u>（下線部筆者）において養育される」こと（第3条の2）が法文化された。同法第1条において，「全ての児童は，児童の権利に関する条約の精神にのっとり，適切に養育され，その生活を保障されること，愛され，保護され，その心身の健やかな成長発達並びにその心身の健やかな成長及び発達並びにその自立が図られることその他福祉を等しく保障される権利を有する」といった「児童の権利に関する条約」の考えが明文化されている。

現在，社会的養護が必要な子どもに対する取り組みは，子どもの暮らす場や運営形態によって，里親やファミリーホームで行われる家庭養護と，乳児院や児童養護施設などで行われる施設養護に分けることができる。また，施設養護のなかでも，地域小規模児童養護施設（グループホーム）や施設の分園型の小規模グループケアなどで行われる取り組みを家庭的養護とよぶ。

日本における子どもの社会的養護は，長い間，施設養護を中心に進められてきた。また，社会的養護の対象である子どもの9割近くが児童養護施設などで生活をし，里親など家庭養護の下で生活している子どもは残り1割にすぎない状態が続いていた。

子どもたちが生活する環境に目を向けてみると，これまで施設養護のなかでも大部分を占める児童養護施設では，ひとつの建物に20名以上の子どもたちが生活する「大舎制」の形態が過半数を占めてきた。しかし，保護者の病気や児童虐待の増加，経済的な理由など，さまざまな事情で家庭での養育が困難な家庭環境で育ってきた子どもたちの利用が多くなった。そのため，安定した人間関係を家庭的な環境の下で築き，養育されることが重要視されるようになり，子どもたちへのケアには，愛着関係を再形成したり，トラウマに対するケアなど，心の安定を図るために個別に丁寧かつじっくりと時間をかけることが必要となってきた。

こうしたことから，大舎制がほとんどを占めていたこれまでの社会的養護の養育のあり方を再検討し，集団での生活が主であった施設の生活単位を小規模化すること，里親やファミリーホームなどの家庭養護を充実させることで，社会的養護における家庭的養護の推進を図っていく方向性が示されている。

2 「家庭的養護」と「家庭養護」の用語区分の整理

里親などで行われる社会的養護の取り組みに対して，日本ではこれまで「家庭的養護」と「家庭養護」の言葉を明確には区別してこなかった。しかし，2012（平成24）年の「社会保障審議会」において，国連の代替的養護の指針で

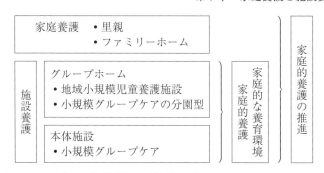

図7-1 「家庭的養護」と「家庭養護」の用語の整理について
出所）第13回社会保障審議会児童部会社会的養護専門委員会資料，2014年

の養護の区別をふまえ，「施設養護」に対する言葉としては，里親やファミリーホームにおける取り組みに対して「家庭養護」の言葉を用いるよう，用語区分を整理することとなった。(図7-1)

ここでいわれる家庭的養護の推進は，里親など家庭養護の推進と施設における家庭的養護の推進という2つの側面をもつ。

3 社会的養護をめぐる生活単位の小規模化・地域分散化の流れ

2016（平成28）年7月に出された厚生労働省による「社会的養護の現状について」によると，社会的養護を必要とする子どもの対象人数は約46,000人といわれている。

児童養護施設を例にとると，2008（平成20）年には，大舎制の形態が約75%であったものの，2012（平成24）年には約50%となり，小舎制や小規模グループケア，地域小規模児童養護施設などの小規模ケアの形態も増えてきている。

現在は，それを具体化するものとして，子どもが育つ環境として生活単位を小規模化すること，そして家庭的な雰囲気のなかで子どもをケアする方針が示されている。そして，この方針をもとに，施設を小規模化・地域分散化する「家庭的養護推進計画」が進められている。

児童養護施設の小規模化・地域分散化を例にとると，以下の3点があげられ

る。

(1) 本体施設の定員を減らすこと（定員を45人以下にすること）
(2) 本体施設自体の養育単位（ユニット）を小さくし，小規模グループケアを行っていくこと
(3) 地域に少人数の子どもと複数の養育者が暮らすグループホーム（地域小規模児童養護施設，分園型小規模グループケア）を増やすこと

　このように，施設養護においては，できる限り家庭的な養育環境の形態に変えていく必要があるため，養育単位を小規模化するとともに，施設機能を地域分散化し，これまでの施設の役割に加えて，一般家庭で行われる養育や里親への支援など，地域支援の充実強化が求められているのである。

第2節　家庭養護と施設養護

Ⅰ　家庭養護とは

　家庭養護は，里親（養育里親・専門里親・親族里親・養子縁組を希望する里親）とファミリーホームがこれに該当する。

　厚生労働省が示す「里親及びファミリーホーム養育指針」によれば，「養育者の家庭に迎え入れて養育を行う」と定義されている。つまり，一般家庭のなかで社会的養護を必要とする子どもを養育していくことを指す。子どもの養育者となる者が暮らす場において，さまざまな人との交流を図りながら家庭により近い養育環境の下，子ども一人ひとりを丁寧に養育していく形である。

（1）里親制度

　虐待などさまざまな事情で保護者と共に暮らすことが困難な状態にある子どもを家庭環境の下での養育を提供する「児童福祉法」に定められた制度である。里親制度は原則18歳になるまでの子どもを対象としている。ただし必要がある場合は20歳まで延長される。児童相談所より里親委託された子どもを里親自身の暮らす生活の場で養育する点が特徴的である。

第7章　家庭養護と施設養護　61

　他の先進国では，この里親制度が施設養護よりも多く取り組まれている。日本では，里親制度はよく養子縁組と混同されることがあるが，養子縁組との違いは，養子縁組は「民法」によるものであり，戸籍上親子関係を結ぶこととなる。しかしながら，里親制度では，里親である間は法的には親子関係は発生しない。

　里親は，主に次の4種類に分けられており，それは以下の通りである。

(1)　養子縁組を前提としない「養育里親」

(2)　虐待をうけた子どもや障がいのある子どもなど専門的なケアを要する「専門里親」

(3)　養子縁組を前提とする「養子縁組希望里親」

(4)　3親等以内の親族家庭が養育する「親族里親」

　ちなみに，2009（平成21）年より，養育里親と専門里親については，里親研修の充実が図られてきている。また，里親支援の取り組み内容を，「児童相談所運営指針」や，「里親委託ガイドライン」で定め，里親を地域で支えるための仕組みが現在進められてきている。

（2）ファミリーホーム

　2008（平成20）年の児童福祉法改正により，「小規模住居型児童養育事業」という第2種社会福祉事業として制度化されたものである。ファミリーホームは，養育者の家庭に5〜6名の子どもを迎え入れて養育を行う事業である。18歳になるまでの子ども（ただし，必要な場合は20歳まで延長される）を対象としている。養育者は，夫婦である2人の養育者＋補助者1人以上，または養育者1人＋補助者2人以上となっている。

　なお，厚生労働省から2012（平成24）年に出された「ファミリーホーム要件の明確化について」によれば，子どもに対する養育の指針を里親と一体のものとして示し，「里親及びファミリーホーム養育指針」として打ち出すこと，位置づけとしては，里親が大きくなったものであり，施設の機能を小さくしたものではないことを述べている。

2 施設養護とは

　社会的養護を必要とする子どもの生活の背景に目を向けると，不適切な養育環境で育ち，本来守られるべきである「子どもの権利」が侵害されていることもある。たとえば虐待をうけた子ども，ドメスティック・バイオレンス被害の下で育つ子どもなど，個別にきめ細やかなケアを継続的に行い，子どもの育ちを支えていくことが重要となってきている。

　そうしたなかで，子どもが本来もつ権利が十分に守られ，家庭に代わる生活の場となるのが乳児院や児童養護施設などである。

　社会的養護を必要とする子どものための児童福祉施設には，乳児院や児童養護施設，母子生活支援施設，児童心理治療施設（2017年より名称変更），児童自立支援施設がある。これらの施設で行われる取り組みのことを施設養護とよぶ。ここでは，保育士や児童指導員を中心とした職員が保護者に代わり子どもを養育し，施設それぞれの目的に応じる形で自立に向けた生活支援が行われている。

（1）本体施設による施設養護

　施設養護は，児童福祉法に定められた児童福祉施設のうち，さまざまな理由により，家庭での生活が困難な状態にある子どもたちの生活の場で行われている養育のことを指す。

　それぞれの施設が子ども一人ひとりの入所理由に応じて自立を目的としてきめ細やかな取り組みを行っている。

　施設の設備としては，「児童福祉施設の設備及び運営に関する基準」により定められており，子どもが暮らす生活形態に応じてひとつの養育単位が12人以下を小舎，13人から19人を中舎，20人以上の子どもが暮らす形態を大舎に分けており，現在は，多くを占めていた大舎制からより生活単位を小さくする取り組みが進められている。

　また，施設それぞれの運営上の質の差をなくし，適切なケアを行うこと，さらにケアの質の向上を目指して，施設種別ごとに運営理念や生活上のケアの具

体的な内容を示した「施設運営基準」が 2012（平成24）年に厚生労働省から出され，指針に基づいて実践がなされている。

（2）家庭的養護

児童養護施設などの児童福祉施設において，本体施設よりも生活する子どもの人数を少なくし，家庭的な環境のなかで子どもを養育する取り組みである。

具体的には，分園型の小規模グループケア，地域小規模児童養護施設を指す。

1）小規模グループケア

1グループの子どもの定員は6〜8人として，これを生活単位（ユニット）とするものである。子どもの居室は，1人部屋や2人部屋で，その他に皆がくつろげる居間やキッチン，トイレ，浴室などの家庭的な設備を設け，グループ担当の職員を置く形であり，より家庭的な環境をつくることができる。施設の敷地内で行われるユニットと，分園型として施設の敷地外で行われるものがあるが，家庭的養護においては，後者を指す。

2）地域小規模児童養護施設

2000（平成12）年厚生省児童家庭局長通知「地域小規模児童養護施設の設置運営において」で規定され，制度化された。地域小規模児童養護施設の定員は6人である。職員は，専任として児童指導員または保育士を2人置くこと，その他の職員（非常勤可）を置くこととされている。施設は本体施設とは別の場所にある普通の民間住宅などを使用するため，さまざまな生活技術を身につけたり，地域社会との密接なかかわりのなかで豊かな生活体験をすることが可能となる。

3）自立援助ホーム

自立援助ホームは児童福祉施設ではないが，家庭的養護の位置づけとされている。

対象は義務教育を修了した20歳未満の青少年であり，児童養護施設などを退所した者またはその他の都道府県知事が必要と認めた者に対し，これらの者が共に暮らす生活の場（自立援助ホーム）において，生活上の援助や相談，生活

指導，就業に向けての支援を行うものである。

　最近は，児童養護施設や児童自立支援施設などの施設を退所した者の利用だけではなく，家庭で育ち，施設養護や家庭養護の経験のない子どもが自立援助ホームを利用しているケースもある。

第3節　家庭的養護の推進に関する課題

　家庭的養護の推進には，社会的養護の対象となる子どもが家庭的な環境において安定した人間関係の下で生活できるというメリットがあるが，課題もある。たとえば，児童養護施設を小規模化・地域分散化すれば，職員は生活全般の支援，子どもの心の安定を図るための支援，調理，関係機関との連絡調整，近隣の住民との交流を活かすための対応，事務金銭管理など多様な役割をこなすため，職員の力量が問われることになる。また宿直回数が多くなり，勤務時間が長くなりがちといった課題もみられる。里親に関しては，いまだに養子縁組と混同され，里親制度そのものの社会的な認知度が低く，里親登録者も大幅に増えているとはいえない現状がある。

　「社会的養護の課題と将来像」の目標を達成するためには，これらの課題を解決することが強く求められているといえる。

　最後に，施設の小規模化や家庭的養護の推進を方向づけるものとして，生活形態を家庭に近づけるといった形態だけではなく，子どもと子どもの育ちを支え続ける養育者（施設職員や里親）のケアの質の向上も重要視されなければならないのである。

《注》
1）厚生労働省「社会的養護の課題と将来像の実現に向けて（平成25年度）」より抜粋
2）厚生労働省「社会的養護の現状について（平成28年7月版）」2016年8月16日

《参考文献》

相澤仁・林浩康編『社会的養護』中央法規，2015 年

相澤仁・村井美紀編『社会的養護内容』中央法規，2015 年

厚生労働省「社会的養護施設入所児童等調査結果（平成 25 年 2 月 1 日）」2015 年

児童養護施設等の社会的養護の課題に関する検討委員会・社会保障審議会児童部会
　社会的養護専門委員会「社会的養護の課題と将来像」2011 年

第**8**章

社会的養護の専門職

第1節　専門職に求められるもの

　現代の社会的養護において，とくに乳児院や児童養護施設などの児童福祉施設では被虐待児童やネグレクト，保護者の経済的な理由により入所に至るケースが大半を占めている。そのなかでもさまざまな要因が複雑に関連し，重複的な問題を抱える児童が施設に入所することも少なくない。そのため，各セクションの専門職同士における密な連携が必要不可欠である。また，職員には専門的知識や経験による高い技術力の他，豊かな人間性と倫理観が求められる。とくに社会的養護を必要とする子どもたちとかかわる者は，各種団体より「倫理綱領」が作成され，行動規範・行動規準として示されているが，以下にあげる３つの点は前提として理解しておくべきであるといえる。

1）権利擁護

　利用者，入所児童の利益を最優先し，権利侵害の恐れや侵害された場合に，利用者・入所児童の立場に立ってその権利を代弁し守ること。

2）守秘義務

　その業務上知り得た利用者，入所児童または，その家族の秘密を正当な理由もなく漏らしてはならないこと。

68

3）自己覚知

常に自己研鑽に励み，技術や知識及び技能の習得，維持，向上に努めること。

以上の３点においては，各役割を担う専門職が理解しておくべき行動規範・行動規準のなかでも前提とされる事柄である。

第２節　社会的養護における専門職

１　保育士

「児童福祉法」においては，「この法律で，保育士とは，第18条の18第１項の登録を受け，保育士の名称を用いて，専門的知識及び技術をもって，児童の保育及び児童の保護者に対する保育に関する指導を行うことを業とする者をいう。」と定義されている。（児童福祉法第18条の４）

保育士は「国家資格」であり，「名称独占」の資格であるが，医師や弁護士資格などの「業務独占」かつ「名称独占」資格とは異なる。そのため，その専門的知識や技術をもって，保育所（保育園）だけでなく，多くの児童福祉施設において児童の保育及び児童の保護者に対する保育に関する支援や援助を行っている。

社会的養護における保育士は，児童の食事，入浴の介助や洗濯，施設内の清掃など，児童の生活に関する全般の援助を行う。また，児童が個々に抱える問題も多く，心理療法担当職員の他，児童指導員やファミリーソーシャルワーカーや，それぞれの専門職と連携し，児童の保育・養護に関わることが重要である。主に，家庭における母親役及び父親役としての役割を担う専門職である。

２　児童指導員

児童指導員は「児童福祉法」に定められた児童養護施設，障害児入所施設，児童相談所をはじめ，多くの児童福祉施設に配置されている。

第8章　社会的養護の専門職　69

　児童指導員の業務は，施設の種別により異なる部分があるが，主に保育士と連携して子どもの生活や学習の指導，施設行事の企画に関することや自立支援計画，処遇計画作成，家族との関係調整や児童相談所をはじめとする外部関係機関との連絡調整その他の業務を行っている。

　児童指導員任用資格を取得するためには，「児童指導員養成学校を卒業すること」または，「大学等の指定の学部・研究科・学科・専攻を卒業する」などの方法がある。任用資格のため，その名称の職に就いたとき初めて効力が発生する資格である。つまり各児童福祉施設において，児童指導員として採用され勤務している期間のみ，児童指導員を名乗ることができる任用資格である。

3　児童自立支援専門員

　児童自立支援専門員は，「児童福祉法」第44条の規定による児童福祉施設である「児童自立支援施設」において，生活寮のなかで児童と生活をともにしながら，児童の健やかな成長を支え，自立を支援する業務に従事している。寮での集団生活を通して，基本的な生活マナーを身につけさせ，健全な人間関係が築けるよう働きかけをする。また，学習，スポーツ，作業などを通して生活支援を行っていく。

4　ファミリーソーシャルワーカー

　ファミリーソーシャルワーカー（家庭支援専門相談員）は，「乳児院における早期家庭復帰等の支援体制の強化について」という厚生省（現：厚生労働省）通知に基づいて，1999（平成11）年度から乳児院に配置されている。その後，虐待による児童の入所が増加したことに対応するため，児童養護施設，情緒障害児短期治療施設，児童自立支援施設への配置が2004（平成16）年度から拡大された。

　ファミリーソーシャルワーカー（家庭支援専門相談員）の主な業務は，被虐待児童，家庭環境上の理由により入所している児童の保護者に対し，児童相談所

との密接な連携のもとに電話連絡や，面接などにより児童の早期家庭復帰，また里親委託を可能とするための相談援助などの支援を行うこと。特に入所児童の早期退所を促進するために，親子関係の再構築が図られることを目的としている。

その他の業務は以下の通りである。

(1) 退所後の児童に対する継続的な相談援助や養子縁組の推進のための業務

(2) 地域の子育て家庭に対する育児不安解消のための相談援助

(3) 要保護児童の状況の把握や情報交換を行うための協議会への参画

(4) 施設職員への指導・助言及びケース会議への出席

家庭支援専門相談員の資格要件は，児童福祉施設の設備及び運営に関する基準において，施設ごとに規定されている。

5 母子支援員及び少年を指導する職員

母子支援員は，母子生活支援施設において，母親への就労援助の他，日常の育児や家事などの相談に応じる役割を担っている，また，前夫や親族との関係改善などを精神面で支援し，関係機関との調整や法的手続きも行う場合がある。近年では夫からのドメスティックバイオレンス（DV）被害に対する心理的なケアの役割を求められるケースも少なくない。

母子支援員は，「児童福祉施設の設備及び運営に関する基準」第28条により，次の各号のいずれかに該当する者でなければならないとしている。

(1) 都道府県知事の指定する児童福祉施設の職員を養成する学校その他の養成施設を卒業した者

(2) 保育士の資格を有する者

(3) 社会福祉士の資格を有する者

(4) 精神保健福祉士の資格を有する者

(5) 学校教育法の規定による高等学校若しくは中等教育学校を卒業した者，同法第90条第2項の規定により大学への入学を認められた者若しくは通

常の課程による 12 年の学校教育を修了した者又は文部科学大臣がこれと
同等以上の資格を有すると認定した者であって，2 年以上児童福祉事業に
従事したもの

少年を指導する職員（少年指導員）は，母子生活支援施設に配置される職員
として「児童福祉施設の設備及び運営に関する基準」第 27 条に規定されてい
る。また，少年を指導する職員の数は，母子 20 世帯以上を入所させる母子生
活支援施設においては，2 人以上とする。と規定されている。その他資格要件
や業務内容については明記されていない。少年を指導する職員については事務
職との兼務が認められている。

6　児童の遊びを指導する者

児童の遊びを指導する者は，児童厚生施設（児童館）に配置され，地域にお
ける健全育成活動の助長を図るよう遊びを通して児童の自主性，社会性，及び
創造性を高めることを目的とした役割を担っている。

7　心理療法担当職員

心理療法担当職員の配置施設は，児童養護施設，乳児院，母子生活支援施
設，情緒障害児短期治療施設，児童自立支援施設などである。

今日の乳児院や児童養護施設などにおいては虐待を理由に入所する子どもが
多く，心に傷をもっている子どもも少なくない。心理療法担当職員は，子ども
に対する個別の心理療法や発達査定の他，生活場面面接やケース会議などでの
情報共有，また保育士や児童指導員など直接処遇に関わる職員との密な連携・
協力が重要である。

8　個別対応職員

個別対応職員は，主に被虐待児童，集団で関わることが難しい児童や甘え方
がわからないなどの愛着障害を起こしている児童に対し 1 対 1 での個別の対応

を行っている。施設養護では，児童が集団で生活している施設が多く，特に職員と個別に関わる機会が少ないため，個別に対応することで，支援の充実を図ることが必要とされている。

9 里親支援専門相談員（里親支援ソーシャルワーカー）

　児童養護施設・乳児院に地域の里親やファミリーホームを支援する拠点としての機能をもたせることで，所属施設の入所児童の里親委託の推進や，退所児童のアフターケアとしての里親支援，所属施設からの退所児童以外を含めた地域支援としての里親支援を行い，里親委託の推進及び里親支援の充実を図る役割を担っている。

　資格要件は，社会福祉士もしくは精神保健福祉士の資格を有する者，児童福祉法第13条第2項各号のいずれかに該当する者または児童養護施設など（里親を含む）において児童の養育に5年以上従事した者であって，里親制度への理解及びソーシャルワークの視点を有するものでなければならないとされている。業務内容は ① 新たな里親の開拓，② 里親候補者と児童との週末の予定調整，③ 里親に対する研修の実施，④ 里親委託の推進，⑤ 里親家庭への訪問及び電話相談や助言，⑥ レスパイト・ケア（特に現在里子を抱える家族に対するケア）の調整，⑦ 里親向けサロンの運営，⑧ 里親会の活動への参加勧奨及び活動支援，⑨ アフターケアとしての相談・助言である。

　里親支援専門相談員は児童と里親の側に立って里親委託の推進と里親支援を行う専任の職員とし，施設の直接処遇職員の勤務ローテーションに入らないことが義務づけられている。

10 その他の専門職員

1）施設長

　施設運営の責任を担う。厚生労働大臣が指定する研修をうけ，施設での勤務経験が3年以上，児童自立支援施設においては5年以上の経験がそれぞれ必要である。

第8章 社会的養護の専門職 73

2）事務員

対外的な施設，市区町村との連絡や会計に関する事務作業などを担う。

3）栄養士及び調理員

栄養士が作成した献立に基づき，調理員が食事を作成する。入所児童・利用者や職員それぞれの状況に合わせ調理方法を工夫している。

4）嘱託医

日常における病気や怪我の対応だけでなく，虐待によりできた傷にも対応する。

5）看護師（乳児が入所している施設）

特に乳児の急な体調の変化など，緊急時の支援において欠かせない役割を担っている。

第3節　専門職の課題

　社会的養護における児童へのケアにおいては，個々の児童の発達に即して養育にあたること，また自立支援のありようが現実として問われている。とくに，被虐待体験をもつ児童の「虐待の再現傾向」や，いわゆる「試し行動」といわれる（養育者に対する関係性の確認をするような）行動など，激しい感情を表出する児童の行動や姿に職員自身が内的に揺さぶられることも多い。そのため，児童との関わり方を躊躇し，自信を失う職員も少なくない。身体的・精神的な職員へのサポートやメンタルヘルスに関する取り組みは必要不可欠である。

《参考文献》
井村圭壯・相澤譲治編著『保育実践と社会的養護』勁草書房，2016 年
小野澤昇・田中利則・大塚良一編著『子どもの生活を支える社会的養護内容』ミネルヴァ書房，2013 年
新保育士養成講座編纂委員会編『新保育士養成講座第5巻　社会的養護』全国社会福祉協議会，2015 年
加藤尚子編著『施設心理士という仕事』ミネルヴァ書房，2012 年

第 9 章

施設養護の基本原理

第1節　施設養護の基本理念と原理

I　児童養護施設をめぐる諸問題

　施設養護においては，児童養護施設がその中核を担っている現状がある。そこでまずは児童養護施設の課題を概括しておきたい。

　現在の児童養護施設では，複雑な背景を有している子どもが増加しているという現状がある。また，父母の死別や遺棄などで保護者のいない子どもは一部に過ぎず，保護者からの虐待や親の疾患，離婚などにより養育がうけられない子どもが増加している[1]。さらに虐待の背景も保護者の経済的困難，両親の不仲，精神疾患など複合的な要因が絡まりあっている。そのため入所の原因が改善されても別の課題が明らかになり，抜本的な解決に結びつきにくく，一旦社会的養護の対象者となったらなかなか抜け出しにくい状況があり問題が複雑化，重層化してきている。加えて虐待は閉ざされた空間のなかで子育てに行き詰まったときに発生することが多く，死亡につながる虐待事故はとくに乳幼児に多い[2]。また，子どもが自活への準備不足があろうとも，あるいは高い養護性があろうとも「満 18 歳に達するまで」という児童の定義によって退所を余儀なくされたり，サービスが途切れたりと法の枠から抜け落ちてしまうという問題も生じている。

こうしたことを踏まえ，必要があれば児童養護施設においても 20 歳まで再措置延長や高校中退者で就労する者であっても入所を継続していくなどの柔軟な対応が図られつつあるがまだこれらの問題への解決には至っていないのが現状である。

施設養護はこのような問題を解決し，子どもが安心して過ごすことができ，将来にわたってその生活や人生の可能性を保障できるよう社会全体で取り組むべきものである。現在でも児童養護施設は社会的養護の最前線で子どもの生活の中心的な受け皿となっており，児童養護施設での取り組みが施設養護の今後の方向性を示唆するものであるといえよう。

2 施設養護の基本理念と養育の目的

社会的養護は子どもの権利擁護を実現するための仕組みであり，社会全体でこの理念を次世代へ継承すべきものでもある。また，適切な養育をうけられない子どもを限定して支援するというだけでなく，すべての子どもの養育を社会全体で支えるべきものであると考えられ，施設養護もこの考えを踏襲している。その具体的な理念や支援の中身は 2012（平成 24）年に厚生労働省より示された「児童養護施設運営指針」において詳細に示されており，その基本理念と支援の中身は，子どもの最善の利益とすべての子どもを社会全体で育むという考えから設計されている。

この理念が示された背景としては上記の課題に加え，児童養護施設において被虐待児童のみならず，障がいがある子どもが増えてきたこと，大規模な施設からより家庭的な環境での養育が必要となってきたこと，施設から家庭に戻った子どもへの継続的なフォローや，自立に向けたアフターケアについての取り組みが求められてきたことなどがあげられる。そしてこれらの課題に対してソーシャルワークやケアワークの質量の強化，サービスの高度化や集中化，労働条件の向上など児童養護施設の運営の強化が求められている。

施設養護の原理としては，「児童養護施設運営指針」のなかで ① 家庭的養護

と個別化，②発達の保障と自立支援，③回復を目指した支援，④家族との連携・協働，⑤継続的支援と連携アプローチ，⑥ライフサイクルを見通した支援の6点が示されている。

　具体的な養育の目的として子どもは，施設での生活を通じて家庭的な雰囲気のなかで養育されるとともに，児童を個々それぞれの発達課題が異なるかけがえのない存在として認識されなければならないということ。そして，いずれ自活していく子どもに対して自立への見通しをもち，生活力を高めてよりよい人生を送れるように養育していかなければならないということ。また，親子分離に伴う不安や虐待によるトラウマなどからの回復のための専門的なケアを提供すること。さらには，保護者や兄弟と入所児童との間に入り，家族関係の修復のサポートを行うこと。加えて施設での生活が心の拠り所となり，退所後もいつでも帰れる場所となること。あるいは地域住民に施設の存在と意義を認めてもらい，また施設の機能を地域に還元できるような地域づくりを行うことなどがその目的としてあげられる。

第2節　施設養護の意義と課題

■ 小規模化の利点と課題

　現在，施設養護においては小規模化やグループホームなどのユニット化が推進されているところであるが，小規模化は利点ばかりでなく課題もある。利点としては，集団生活によるストレスが少なく，一般家庭に近い生活体験をもちやすい，子どもの生活に目が届きやすいといった点があげられる。また生活のなかで家事など身の回りの暮らし方がイメージし易いため，将来家庭をもった時の生活が想像しやすい。あるいは自立後の生活を考えるならば調理や生活費の管理など，生活の基本ともいえるスキルを身につけるのにも有効である，といったことが考えられる。

　反対に小規模化することによって課題も生じることが予想される。それは職

員が1人で多様な役割を担うため，職員の力が問われるという点である。たとえば，複雑な課題を抱える子どもには高いスキルをもった職員の援助と同時に，さまざまな職種の関わりが不可欠であるが，小規模化によって子どもの状況が他の援助者に伝わりにくく，閉鎖的になりやすい。また，子どもとの関係が崩れた場合に，子どもや職員双方にとって逃げ場がなく，必要以上に衝突が増えるといった懸念も生じる。さらには，夜勤などの不規則勤務や勤務時間が長くなりがちであるといった点も考えられる。

　これらの課題を克服するためには，施設での労務管理のみならず，運営の方針や職員の人材育成方針を確立することが必要となる。児童養護施設での人材流出や人材確保も課題となっているなかでは，働きやすさと職員の生活を守ることのできる給与形態の見直しも検討するべき課題といえる。とくに職員同士の連携と共働は大きな課題となる。職場がチームとして成長していくために職員が自由に自分の意見をだし，またその意見が職場で共有され，そして自分の行っている仕事が「価値ある仕事」と実感できることが大切である。ただし現実には情報共有に時間を割くことができない場合もある。施設職員としてのやりがいを見つけ，モチベーションが継続し，働きやすい職場となるための環境をつくるには施設運営管理者や職員の努力だけでなく，自治体や政府のバックアップも不可欠である。

2　施設における養育の方向

　施設を利用している子どもにとって，職員は「共に住まう」という関係性がある。職員は子どもとの生活を通じて親代わりの役割を務めることも多い。子どもは職員のふるまいを注意深く見ており，その人柄や人間観，倫理観など生きざますべてに注目している。つまり施設養護とは，日常の生活のなかで「人」として生活を共にしていくことにより，時にモデルともなり，時に対峙すべき相手となりながら生きる力を育むとともに，自立自活へのトレーニングを積んでいくものなのである。また施設養護においては子ども同士の共同生活

という点も特徴となる。子どもはぶつかり合い，助け合い，協力しあい，認め合いながら他者への信頼や関係の作り方，社会性や協調性などを育み，社会に生きるうえでの自信を培っていく。そのために職員は，子どもに対して養育の基本を理解し支援を行うことが必要となる。その養育・支援の基本とは，① 子どもの存在そのものを認め，子どもが表出する感情や言動をしっかり受け止め，子どもを理解する，② 基本的欲求の充足が，子どもと共に日常生活を構築することを通してなされるよう養育・支援する，③ 子どもの力を信じて見守るという姿勢を大切にし，子どもが自ら判断し行動することを保障する，④ 発達段階に応じた学びや遊びの場を保障する，⑤ 秩序ある生活を通して，基本的生活習慣を確立するとともに，社会常識および社会規範，さまざまな生活技術が習得できるよう養育・支援する，の5点である。このような基本のもとに職員は，以下の表9－1の働きを求められている。具体的には職員は代

表9－1　援助の9つの機能

機　能	内　容
① 代替・代弁機能	家庭に代わって温かい人間関係を築き，人との健全な関係構築や社会生活のスキルを伝える。あるいは子どもに代わって，養護問題を社会に提起し，社会から排除されない地域社会を作っていく。
② 保護・育成機能	虐待から子どもを守る，あるいは子どもに代わって悪い環境要因を取り除くなど，子どもの尊厳・命・健康・成長・発達が脅かされないよう配慮する。また，主体性や積極性をもち，自分で考えて行動できるよう育成する。
③ ケア・教育機能	信頼関係を築き，人との人間関係を構築するためのホスピタリティマインドやコミュニケーションスキル，人の気持ちを察する想像力，あるいは語学力，忍耐力や問題発見能力，解決力，実行力などの自立にむけたスキルを教育する。
④ 支援機能	思い，願い，意見など子どもが発するニーズを受け止め，個々の状況に応じて的確に応えていく。また，関係機関とのよりよいネットワークを作り，社会全体で子どもの自立を支えていく仕組みを作る。

出所）松本峰雄編『教育・保育・施設実習の手引き』建帛社，2013年，p.80より

替・代弁，保護・育成，ケア・教育，支援といった援助を行っている。[3)]

3 子どもの権利擁護

　子どもの権利の基本的な考え方は，子どもの最善の利益を保証することである。そのためには職員一人ひとりの権利擁護についての理解が欠かせない。子どもが権利について正しく理解できるよう説明を重ね，子どもが意見や苦情を述べやすい環境をつくることも大切である。また，子どもからの苦情や意見が軽視されないという安心感や苦情解決のための道筋を理解してもらうことも必要となる。具体的には「子どもの権利ノート」やそれに代わる資料を活用したり，苦情解決までの仕組みを，子どもでも理解できるようにして説明することなどが考えられる。また，職員間や関係機関内で客観的な記録を積み上げ，意見や苦情に対してばらつきがでないよう対応していくことなどが考えられる。

　次に，子どものニーズの把握も欠かせない。職員同士で日常的に話し合う機会をもち，意見を共有することも必要であるが，子どもとのなにげない会話のなかから子どものニーズをキャッチするといった子ども主体でのニーズ把握の方法も大切である。とくに子どもは将来の展望が見えにくい状況であること，そのために常に不安や焦燥感を抱えているということ，辛い思いや意見などは発言しにくいということを念頭におき，支援の内容について職員の一方的な考えのみで行うのではなく，子どもと援助内容について合意をとりながらかかわっていくことが大切となる。また子どもは被虐待など厳しい生活環境のなかで生活してきたことから，他者に対する関係の構築が苦手である場合も多い。さまざまな生活体験や多くの人たちとのふれあいを通して，他者の立場に配慮する心が育まれるよう支援することが肝要である。

　実際には子どもの権利が侵害されないよう施設職員は日々努力をしているところであるが，集団での生活が故に当然のことながら生活上の不便やサービス上の不満，職員の支援の受け止めのゆがみによる苦情は必ずあるものと認識すべきである。

現在，児童養護施設を含めた社会福祉施設の苦情の受け止めについては「社会福祉法」において，「社会福祉事業の経営者は，常に，その提供する福祉サービスについて，利用者からの苦情の適切な解決に努めなければならない」（82条）とされ，利用者の権利擁護のために苦情解決の仕組みが定められている。

　具体的な仕組みとしては「苦情解決責任者」「苦情受付担当者」を事業所内に設置することとしている。さらに社会性や客観性を確保し，利用者の立場や特性に配慮した適切な対応のために事業者外の有識者などで構成される「第三者委員」を設置することとなっている。「苦情解決責任者」とは，苦情解決の仕組みを子どもや保護者などに周知し，苦情申し出人との話し合いを行う者であり，責任主体である施設長や理事長がこれにあたることとなっている。「苦情受付担当者」とは，職員のなかから任命し，苦情の受付や苦情内容，子どもや保護者からの意向の確認と記録を取り，その内容を苦情解決責任者や第三者委員に報告する者である。

　苦情解決の大まかな流れとしては，まず苦情受付担当者が子どもや保護者から苦情を受け付け，苦情解決責任者及び第三者委員に報告する。報告をうけた苦情解決責任者と第三者委員はそれぞれ苦情解決策を検討し，子どもや保護者とともに話し合い，申し出事項の改善に取り組むというものである。しかし，子どもや保護者にとってサービスの主体である施設に直接苦情を申し出ることは覚悟が必要で大変なこともある。また，当事者同士の話し合いで苦情が解決できるとは限らない。そのため第三者委員が入っても問題が解決できない場合は，外部機関である「運営適正化委員会」によって解決が図られることとなっている。「運営適正化委員会」は各都道府県社会福祉協議会に設置され，社会福祉，法律，医療に関する専門家が，申し出のあった福祉サービスに関する苦情について中立的な立場で助言や解決へのあっせんを行い，解決を目指す機関である。[4)]

第3節　施設養護の運営と地域との連携

　施設の運営については，新人職員や管理業務を担わない職員にはイメージが
つきにくいものであるが，施設で働いている以上，施設の運営方針については
理解しておく必要がある。運営方針は施設の成り立ちや地域性，沿革などによ
って施設毎に異なる。運営方針にはどのような考えを大切にしているのか，子
どもにどのような力を身につけてもらいたいのかが明文化されているものであ
り，子ども支援の拠り所となる大切なものである。

　また最近は風水害，地震など災害が頻発している。このような緊急対応が必
要な場面では，子どもの安全確保だけを意識すればよいというものではない。
いざという場面では，施設も地域の資源として地域の避難所の機能を引き受け
ることもあるだろう。子どもも地域住民もともに助け合い，支えあう地域づく
りを普段から作り上げておくことは必須となろう。たとえばお祭りなど地域社
会への活動に参画することや，地域住民の災害時の備品の備蓄場所の提供など
の取り組みを通じて施設が地域で必要とされる存在となるなどが考えられる。
グループホームなど，施設が小規模化することによって職員の災害への体制が
手薄になることも考えられるので，避難訓練や危険個所の点検など不測の事態
に備えた体制を整えるとともに，地域から必要な協力を得られるような関係を
つくっておくなど，事故防止と安全対策も重要な視点となることはいうまでも
ない。

　また，事故や事件などについての対応マニュアルを整備しておくことも求め
られる。外部からの不審者の侵入や食中毒や感染症への対応，子どもの失踪な
ど想定できる事件や事故に対するマニュアルの作成と訓練をしておくことも大
切である。

第9章　施設養護の基本原理　83

《注》

1）厚生労働省雇用均等・児童家庭局「児童養護施設入所児童等調査結果（平成25年2月1日現在）」平成27年1月
2）厚生労働省「子ども虐待による死亡事例等の検証結果等について」（第11次報告）
3）松本峰雄編『教育・保育・施設実習の手引き』建帛社，2013年，p.80
4）厚生省「社会福祉事業の経営者による福祉サービスに関する苦情解決の仕組みの指針について」平成12年6月7日

《参考文献》

阿部志郎・河幹夫『人と社会　福祉の心と哲学の丘』中央法規，2008年

岡村重夫『社会福祉原論』全国社会福祉協議会，1997年

東大社研・玄田有史編『希望学　あしたの向こうに―希望の福井，福井の希望』東京大学出版会，2013年

サミュエル・スマイルズ『自助論』三笠書房，2013年

奥川幸子『身体知と言語―対人援助技術を鍛える』中央法規，2007年

第10章

施設養護の実際

第1節　施設養護の目標

　施設入所の理由は，両親の離婚，放任・怠だ，疾患，貧困，児童虐待など，家庭生活が不安定な状況のなかで暮らしていた子どもがほとんどである。

　戦後，児童養護施設の使命は，子どもの保護と養育であった。その後，1997（平成9）年「児童福祉法」が改正され，「児童自立支援」の理念が取り入れられるようになった。

　「児童福祉施設の設備及び運営に関する基準」に，児童養護施設における養護は，児童に対して安定した生活環境を整えるとともに，生活指導，学習指導，職業指導及び家庭環境の調整を行いつつ児童を養育することにより，児童の心身の健やかな成長とその自立を援助支援することを目的として行わなければならない（第44条）と記している。まず，子どもの不適切な環境での育ちを理解し，生活指導をしていくことが重要である。そのうえで，自立のために必要な学習指導，職業指導を行い，家庭環境の調整ができるよう援助支援を行わなければならない。子どもが心身の健やかな成長をし，豊かな人生を送るため，援助支援をしていく必要がある。

第2節　施設養護の過程

１　入所直前直後の援助支援

　児童相談所が子どもの最善の利益を優先し，社会診断，医療診断，心理判断などを総合的に判断し，処遇の決定により，児童養護施設入所となる。入所前に子どもには，パンフレットでの説明や施設の見学を行い，新しい生活の不安や緊張感を和らげることが必要である。明確な理由がわからずに入所に至ると，施設に溶け込めず，人間関係が上手くいかないため，理由を告げ，納得できるようにすることがもっとも重要である。児童相談所の児童記録票や児童指針などを確認し，子どもの状況を職員間で共通理解をし，受け入れる準備をしておくことが必要である。そして，保護者や子どもの希望，面会，外泊などの確認，子どもの健康状態や服薬状況，予防接種の確認が重要である。

２　児童養護施設の援助支援の内容

　入所1ヵ月以内に，児童相談所の児童指針の診断を踏まえ，子どもの生活の様子を確認しながら，生活場面の行動観察を加え，児童自立支援計画を立案する。目標を明確化し，再評価，改善の作業を重ねながら，退所まで援助支援を行う必要がある。

（1）生活指導について

　「児童養護施設運営指針」に，児童の自主性を尊重しつつ，基本的生活習慣を確立するとともに豊かな人間性及び社会性を養い，かつ，将来自立した生活を営むために必要な知識及び経験をえることができるように行うと述べられている。

　1）衣生活について

　衣服は，自分を表現するのに大切で，個性を大事に育むことが必要である。集団生活で，自他の区別が曖昧になり，衣服の愛着感が芽生えにくいが，洗濯

（衛生面を含む），アイロンがけ，衣服の収納，衣服のたたみ方，管理などを施設保育士と一緒にしながら，大切に扱い，愛着感をもつように援助支援することが大切である。色柄の組み合わせ，季節や場所や場合によって TPO に合わせることは，自立の一歩のため，とても意義がある。

2）食生活について

食事は，生きる原点で，食事を毎日 3 食必ず食べられる安心を感じ，毎食食べ，体をつくり，心身共に健全な成長を援助支援することに意義がある。偏りのない食事が食べられるような策を考えねばならない。また，食物アレルギー体質の子どもには，十分に配慮する必要がある。しかし，みんなで楽しく食事をするという雰囲気作りの工夫が重要課題であろう。また，食事のマナーの習得，食前の手洗いの励行などの衛生面の指導も大切である。

将来の自立に向けて食事の献立，予算，食材の購入，調理の実際までを一緒に経験することに意義がある。栄養バランスや摂取カロリーなどに関心をもたせることは，重要である。

3）住生活について

住居は，何より人間として生存権を保障する原点であり，また社会に向かい，戻ることのできる心の安全基地である[1]と記されている。

基本一人ひとりの住空間の確保は，プライバシーが確保され，精神の安定につながるからだ。個室が望ましいが，相部屋であっても個人の空間を確保することは大切である。また，ものを大切にし，整理整頓や清掃の習慣が身に付くよう指導をすることが大事である。

4）健康と安全について

（1） 身体的

健康は，日常の規則正しい生活・リズムをつくり，将来自己管理ができるよう指導することが大事である。みだしなみや衛生管理，運動の習慣を付け体力増進を心がけるよう努めるべきであろう。疾病，けがは，早期発見，早期対応が重要であることはいうまでもない。施設内では，感染の可能性があ

88

り，とくに注意が必要である。慢性疾患や障がいのある子どもは，医療機関や児童相談所との連携が重要である。

(2) 精神的

保護者から不適切なかかわりをうけている子どもは，自己制御力が弱く，衝動コントロールができにくく，相手を怒らせるような行為をするなどの精神発達上の問題を呈し，自己評価の低下と対人関係の問題を引き起こすこと[2]がある。

また，発達障がいや，リストカット，摂食障がい，精神疾患を抱えている子どもの対応も求められている。担当者ということで，1人で抱え込まず，他職種，他機関の連携を密にし，援助支援することが重要である。

5）性教育について

性感染症の増加や性的虐待，性被害の増加がみられ，性の正しい知識を年齢や成長段階に応じて計画的に伝えていく必要である。また，虐待などをうけていると，自己肯定感が低く，命自体を粗末に感じている傾向があり，命の神秘性，大切さが感じられるような指導が大切である。「命の大切さを学ぶ」，「自己肯定感の育成」，「自他の性を尊重する心の育成」を目指し，「性教育」から「生教育」へ，「予防教育」から「希望教育」への指導を実施する。将来，自立し自分も家庭をもち，子どもを育てたいと思えるような，性教育指導が必要であろう。

6）金銭管理について

必要な物は，常に準備してくれており，買い物という体験がとても少ない。金銭管理を理解させることは，自立に向けて重要課題である。自分の好きな物品を購入する喜びを感じ，また，高額な物品の時には，計画的に貯蓄する体験も重要である。経済観念を育てるため，幼い頃からお買い物を体験し，物品の価格，計画的に購入することや，小遣い帳の記入などを習慣化することが有効である。

7) レクリエーション・行事について

「児童権利宣言」（1959年）第4条で，「レクリエーションは，子どもの権利」と明記されている。レクリエーションや行事については，地域社会の参加を含め，目的を明確にしながら，計画に基づいて実行すべきである。「こどもの日」「七夕」「月見」「節分」など，季節を盛り込み，その行事の起源，背景や日本の文化，風習なども理解できるよう取り組むことが大切だ。また，入学，卒業，誕生日など，成長を喜んでくれるという体験を味わうことは，生きていく力をえるのにとても意義がある。

海水浴や山登り，夏祭りに出かけること，各種団体から訪問や招待行事に参加など，子どもにとって気分転換，社会勉強，自発的活動にとても役立つものである。

（2）学習指導，進路指導について

「児童養護施設入所児童等調査結果」によると，学業に「遅れがある」が高い割合を示している。

表10—1　学業の状況児童数

	総　数	すぐれている	特に問題なし	遅れがある	不　詳
里親委託児	4,534 100.0%	283 6.2%	2,135 47.1%	699 15.4%	1,417 31.3%
養護施設児	29,979 100.0%	1,322 4.4%	14,659 48.9%	8,447 28.2%	5,551 18.5%
情緒障害児	1,235 100.0%	42 3.4%	550 44.5%	636 51.5%	7 0.6%
自立施設児	1,670 100.0%	34 2.0%	643 38.5%	991 59.3%	2 0.1%
母子施設児	6,006 100.0%	143 2.4%	2,026 33.7%	967 16.1%	2,870 47.8%
ファミリー ホーム児	829 100.0%	53 6.4%	346 41.7%	257 31.0%	173 20.9%

出所）厚生労働省雇用均等・児童家庭局「平成27年児童養護施設入所児童等調査結果（平成25年2月1日現在）」

学習は進路保障につながり，自立を目指すためにも重要課題であることはいうまでもない。

学習環境の整備をし，学習に集中できる場所の確保と学習習慣や学習意欲をもたせるよう指導することが課題である。1対1の指導が良策であるが，現状としては，中学・高等学校の専門科目など，施設職員では限界があり，地域の方々や学習ボランティアなどの協力が有効であろう。

また，学校との協働が必要不可欠である。職員が積極的に学校へ出向き，学校の行事に参加し，学習指導の仕方，方法を指導してもらうのが大切である。また，PTA活動に参加し，地域の保護者との連携を深め，学校，地域が一丸となり，子どもを育てることが重要である。

学校と連携を密にしたうえで，進路・職業指導は，子どもの特性をよく理解し，子どもと学校と保護者を含め，最良の進路・職業指導をすることが，最重要課題である。

（3）家庭環境の調整

「児童福祉施設の設備及び運営に関する基準」に，家庭環境の調整は，児童の家庭の状況に応じ，親子関係の再構築等が図られるように行わなければならない（第45条4）と明記されている。入所時点から，親子関係の再構築の支援が始まると考える視点が大切である。施設保育士は，保護者，子どもとの信頼関係をつくることがとても重要である。また，保護者が出向いてくれる機会を多くつくることも大事である。徐々に，親子で外出や外泊をし，親子関係の再構築に援助支援をすることが大切である。施設だけでなく，児童相談所も含め，親子関係が希薄化しないよう連携していくことが重要である。

3 退所に向けての援助・支援

退所に向け環境調整が重要である。なかには，新しい家族が増えていたり，まったく土地感のない場所が住居になることもあったり，社会へ自立する状況などとさまざまである。大きく分ければ，「家庭引取り」と「社会的自立」と

に分けられる。

「家庭引取り」は，保護者と子どもの意見を聞き，退所へ向けて支援計画を作成する。家庭支援専門相談員と連携し，退所後も定期的な電話や家庭訪問や相談援助をし，孤立しないように，見守っていくことが必要である。加えて地域の関係機関や主任児童委員，保健師とのネットワークをつくり，連携が重要である。

「社会的自立」は，生活知識や技術を得，経済的・精神的自立ができるような支援計画を作成する。今まで施設内で自立のための準備をしていたが，実際退所すると困難なことに遭遇するため，暖かく見守り，離職しないように，フォローが必要であることはいうまでもない。

第3節　施設保育士の役割

施設保育士は，「生活」を援助支援するのが基本で，職員が24時間（交替制），子どもと生活を共にする。

保育所の保育士と違い，対象の子どもの年齢の幅も広い。心身ともに，保育所での就学前6歳までの成長課題を理解し援助支援するだけでなく，乳幼児から思春期を越え青年期まで対応できる専門性の高い職種でなければならない。

また，さまざまな体験をしてきた一人ひとりの子どもと基本的信頼関係を築き，自己肯定感が獲得できるよう支援しながら，家庭の代替や補完にとどまらず，自立援助支援に努めなければならない。

福祉の仕事はどれも楽なものではなく，むしろ大変といえるような仕事内容だが，子どもたちの心身の成長を，保育所よりももっと近い位置から支えて見守る事ができ，やりがいのある仕事である。しかしながら，「熱い思い」だけでも不十分で，保育士自身が，健全な心身をもち，豊かな人間性と倫理観を備えることに努めることが大切である。そして，1人で抱え込まず，職員間や関連機関との連携を密にすることが重要であろう。

保育士はウォームハートとクールヘッドをもって働く職種である。

《注》

1）児童自立支援対策研究会編『子ども・家族の自立を援助支援するために―子ど
　も自立援助支援ハンドブック』日本児童福祉協会，2005年，pp.181-182
2）村瀬嘉代子「子どもの虐待と心のケア」『世界の児童と母性』第47巻，1999
　年，pp.2-5

《参考文献》

大竹智・山田利子編『保育と社会的養護原理』みらい，2013年

小木曽宏ほか編『よくわかる社会的養護内容』ミネルヴァ書房，2015年

厚生労働省雇用均等・児童家庭局「平成27年児童養護施設入所児童等調査結果
　（平成25年2月1日現在）」

厚生労働省雇用均等・児童家庭局家庭福祉課「社会的養護の課題と将来像の実現に
　向けて」平成28年7月

厚生労働省雇用均等・児童家庭局長通知「児童養護施設運営指針」平成24年3月
　29日

第11章

施設養護とソーシャルワーク

　児童福祉施設で暮らす子どもにとって，施設とは衣・食・住，教育などが適切に提供され，子どもが安心して生活できる「生活の場」としての機能を備えるとともに，そうした日常生活に必要な支援・援助の提供は，やがて施設を出て社会人として社会的自立をするための準備期間としての機能を果たしている。とくに児童養護施設や児童自立支援施設は，子どもの社会的自立を大きな目標とする施設といえる。

　養育環境上に問題を抱えることにより，児童養護施設に入所した子どもは，施設での支援を通して社会的自立のための能力を身につけていく。また非行などの行動面に問題を抱える子どもは児童自立支援施設での更生プログラムなどをとおして，社会生活における適応力を身につけていく。

　一方で身体・知能に問題を抱える子どもは，たとえば日常生活の自立（または自律）を目標に，施設が提供する日常生活上のさまざまな自立支援のプログラムをとおして，身辺処理の力を身につけていく。そうした支援をうけながら社会的適応力を向上させ，施設を退所した後に社会的に自立した生活を営んでいる障がい者もいる。

　このように児童福祉施設は，子どもの心身の安全と安心を保障し，施設を退所した後に社会的自立ができる能力を身につけるための準備期間としての機能をもつと同時に，直接あるいは間接的に，それらの目標を実現するために必要

94

なソーシャルワーク機能を推進する基盤でもある。

　施設養護におけるソーシャルワークを簡潔に説明すれば，施設のソーシャルワーカー（生活指導員）が児童相談所や福祉事務所と連絡・調整して子どもが安心で快適な施設生活を送れるための援助計画を策定，実施すると同時に，施設内の支援だけでは解決が難しい問題を，他の専門職や専門機関などの社会資源と連携し，子どもの社会的不利益を解決する援助技術である。

　本章では，児童養護施設と障害児施設を例にあげて，施設養護におけるソーシャルワークの意義と必要性について考える。

第1節　児童養護施設におけるソーシャルワークの意義と必要性

　児童養護施設において，ソーシャルワークはどのような意義をもつであろうか。冒頭に述べた衣・食・住，教育などの提供や支援によって，子どもたちの日常生活における一応のニーズを満たすことはできる。しかし，施設で暮らす子どもたちは主体性をもった生活者としての個人であり，日常生活を送るなかで彼らがさまざまな悩みや不安，葛藤に直面することは容易に想像できることである。それら子どもたちが直面するであろう悩みや不安，葛藤などは施設における衣・食・住，教育などの日常生活上の支援だけでは解決できる性質のものではない。

　児童養護施設で暮らす子どもたちは何らかの養育環境上の問題を抱え，両親などの保護者から離れて施設で暮らしている。施設入所直後は，保護者と引き離された生活に子どもは大きな不安を抱いている。施設入所後は，保育士やソーシャルワーカーなど施設職員の適切な支援・援助によって表面的には施設生活に順応していくかもしれない。しかし保護者から引き離された不安や悲しみは子どもの心から完全に払拭されることはない。

　そして，子どもが施設に入所した理由が保護者による虐待であったとして

第 11 章　施設養護とソーシャルワーク　95

も，子どもに虐待を行ってしまった保護者がその行為を悔い改め，子どもと暮らしたいという思いを強くすることはありえることである。そして，子どもにとっても施設での生活から，再び家庭に戻って生活ができることが望ましい場合もある。こうした場合，再び子どもが保護者の元で暮らせるために家族の再統合という援助が行われる。この家族の再統合という問題はソーシャルワークが対象とすべき問題である。

1　保護者に対する支援・援助

　虐待を行ってしまった保護者が，再び子どもと暮らしたいと思っても，保護者は「また虐待を繰り返してしまうのでは」などの不安を抱いていることが多い。保護者に対する支援・援助としては，安心して子どもが戻ってこれるような条件や環境づくりが必要である。

　施設のソーシャルワーカーは保護者との面談をとおして，子どもが安心して家庭に戻れるような家庭環境をつくる支援を行う必要がある。この「子どもが安心して家庭に戻れる」環境づくりには，施設のソーシャルワーカーだけでなく，児童相談所と連携しつつ支援していかなければならない。場合によっては，面談だけではなく，保護者の心理的な問題の根本的な解決のためにファミリーセラピーの専門家が家族の病理状態を治療することもありうる。このように施設のソーシャルワーカーは問題解決のために必要な専門機関や専門職と連携していくことが求められる。

2　子どもに対する支援・援助

　家族の再統合を行う際に，家庭に戻る子どもにもっとも重要な支援・援助は，子どもが保護者からうけた虐待の心の傷を癒し，子どもが安心して家庭に戻れるようにすることである。日常の子どもの様子にいちばん詳しいのは施設の保育士であろう。なぜなら保育士は日常的に子どもに関わっており，必然的に子どもに関する情報を得やすい有利な立場にいるからである。ソーシャルワ

96

ーカーは保育士と連携しながら，子どもが安心して家庭に戻れる準備をしなくてはならない。子どもの心が安定してきたら，家庭復帰の準備段階のひとつとして，保護者の住む家庭での1泊の「お泊まり」を実施して，徐々に「お泊まり」の日数を増やし，子どもが保護者と暮らすことに安心感と保護者と暮らせる喜びを取り戻していく。これらの援助課程でソーシャルワーカーは保育士だけではなく，児童相談所や，子どもの心の傷を癒すうえでファミリーセラピーの専門家と連携する必要がある。また子どもは，自らの思いを的確に援助者に訴えることが難しい場合がある。ソーシャルワーカーは子どもの思いを汲みとり，それを代弁（Advocacy＝アドボカシー[1]）することが求められる。

3 退所後の支援・援助

　家族の再統合がなされた後も，ソーシャルワーカーはその家族に対する支援援助を継続する必要がある。基本的には，家族全員が精神的，身体的に安心できる状況となっているか，そして地域社会と家族の関係調整を行い，地域と家族の結びつきの強化によって，その家族が地域の社会資源を自ら活用し，家庭の役割を再構築し継続化しているかを見守る必要がある。

　以上，述べてきたとおり児童施設養護においてもソーシャルワークの問題が横たわっており，その問題を看過せずに解決することが求められる。そのためにも，施設にはソーシャルワーク機能が求められるのである。

第2節 障害児施設におけるソーシャルワークの 意義と必要性

　障害児施設おけるソーシャルワークが対象とすべき問題には何があるだろうか。障がいの種類，状態によって異なるが，障がい児は自分の思いを正確に援助者に訴えることが難しい場合がある。ソーシャルワーカー（児童指導員）は言語的コミュニケーションだけではなく，非言語的コミュニケーションの技法

第 11 章　施設養護とソーシャルワーク　97

を用いて子どもの訴えを出来る限り正確に把握し，障がい児の支援・援助に活かしていく必要がある。これは，児童養護施設で述べた代弁と同様のソーシャルワーク機能のひとつである。

　障害児施設においても，障がい児と日常的に多くの時間関わり，日常生活上の支援を行うのは保育士が中心である。保育士は障がい児と関わるなかで，子どもに関する多くの情報をえるうえで有利な立場で支援・援助していることは児童養護施設で働く保育士と同様である。ソーシャルワーカーは施設でのケース・カンファレンスなどの機会をとおして保育士からえた情報をもとに子どもが日常生活で何を望んでいるのかを知り，また子どもが秘める潜在的な能力を表出するための適切な援助計画を策定・実施しなければならない。

　たとえば子どもが関心のある事柄を援助計画に反映させ，子どもの潜在的な能力を導きだすことによって，日常生活の身辺処理などの自立能力を向上したり，施設退所後に社会に適応する能力を身につけるための支援・援助は障害児施設におけるソーシャルワークの重要な援助内容のひとつである。そして，障がい児が関心を抱いている事柄を支援・援助に反映させることは，施設で暮らす子どもの生き甲斐にもなる。子どもが生き甲斐を感じることは，ソーシャルワーカーや保育士の支援・援助と相乗効果を生むことにより，ソーシャルワーカーが策定した援助計画による支援・援助がより効果的となる。

　また，障がいをもつ子どもの保護者は，子どもの養育上の問題に多くの悩みを抱えている。たとえば子どもが就学年齢に達した際の就学上の問題もそのひとつである。保護者は子どもを普通学級で学ばせたいと願っているが，学校がその希望に沿うとは必ずしも限らない。このような場合，ソーシャルワーカーは学校と緊密に連絡調整をして子どもにとってより適切な就学の在り方を検討・模索する必要がある。

　障がい児のなかには成人後，社会で自立できるだけの能力をもった子どももいる。しかしながら，現実には障がい児が将来社会で自立した生活を行うことに対しては難しい現状がある。こうした現状のなかで，障害児施設のソーシャ

98

ルワーカーには地域社会に対して，障がい児や障害児施設に対する理解を深めるための活動が求められる。障がいのある者が地域社会で自立した生活を送れる環境をつくるために，ソーシャルワーカーが積極的に地域社会に働きかけていかなければならない。そして，地域社会で自立した生活を送れるようになった障がい者に対して，その自立生活が継続していけるように地域社会の社会資源と密接に連携を継続する必要がある。

　以上は障がい児に対するソーシャルワーカーの支援であるが，障害児施設のソーシャルワーカーは障がい児の保護者に対してもさまざまな支援・援助が求められる。前述のように，障がい児の就学において保護者の不安を解決するために，保護者が納得できる就学支援の計画を策定しなければならない。また，障がい児も施設から家庭に戻って生活することが望ましいが，保護者は子どもの療育問題や子どもの将来について常に不安を抱いている。

　このように，子育てに不安をもつ保護者に対しては，それがどのような性質の不安や悩みであるかを的確に把握し，不安や悩みを解決するための社会資源と保護者とを結びつけていくことが求められる。

　以上のように，障害児施設の利用者である障がい児や保護者に対しても，日常生活上の支援以外にソーシャルワークが有効に機能しなければならない。

《注》
　1）児童養護施設で暮らす子どもは低年齢であったり，施設における集団生活によるストレス，施設入所の原因となった虐待などの背景により，自らの権利を主張することが難しい場合がある。また障がい児は，その障がい故に自らの権利を主張することが難しい。こうした子どもの権利を擁護するためには，個人としての子どもを尊重し，子どもの立場からその権利を擁護する必要がある。この子どもの権利を代弁することをアドボカシーという。

《参考文献》
岩間伸之『対人援助のための相談面接技術―逐語で学ぶ21の技法』中央法規，
　2008年
フェリックス・P・バイステック著，尾崎新ほか訳『ケースワークの原則―援助関

係を形成する技法』誠信書房，2006 年

宮本節子『ソーシャルワーカーという仕事』ちくまプリマー新書，2013 年

メアリー・E・リッチモンド著，小松源助訳『ソーシャル・ケース・ワークとは何か』中央法規，2005 年

望月彰『自立支援の児童養護論』ミネルヴァ書房，2004 年

村井美紀ほか編『虐待を受けた子どもへの自立支援』中央法規，2002 年

第12章

施設などの運営管理

第1節　児童福祉施設などの運営費（財源）の仕組み

┃　児童福祉施設などの運営費（財源）

　児童福祉施設などの運営にかかる費用については，国や地方公共団体が支払う（支弁する）ことが「児童福祉法」第4章（費用）に規定され，その費用の多くは税金により賄われている。そして利用者あるいは扶養義務者が支払う利用料や負担金（費用の徴収）も児童福祉施設などの運営費の一部となっている。この費用の徴収については同法第56条に規定され，市町村あるいは都道府県は，利用者あるいは扶養義務者の負担能力に応じ費用を徴収できることになっている。

　以下にその費用がどのように運用されているのかを整理していく。

2　児童福祉施設に支弁される措置費

　「措置費」とは，乳児院や児童養護施設などを運営するために，国や地方公共団体が支弁する費用（施設の収入）のことであり，「保護費」ともいう。措置費は入所児童1人当たりの月額（母子生活支援施設については1世帯）で支弁され，これを「保護単価」という。この単価は施設の入所定員数や施設が所在する地域，入所している児童の年齢により異なる。保護単価の支弁額は社会の経

済状況などに影響をうけ，事業年度により変動もある。

　措置費は「事務費」と「事業費」に大別される。「事務費」とは，職員に支払われる費用（人件費）やそのほかに施設運営に必要な諸経費（光熱水費や修繕費などの支出）のことである。「事業費」とは，乳児院や児童養護施設などに入所した児童の生活に直接必要とする諸経費（食費や被服費，学校の費用など）のことである。

3　里親に支給される手当など

　児童が里親のもとで生活をする場合は，里親委託として養育里親と専門里親に「手当」が支給される。この支払は月額であり，里親と生活をする1人目の児童と2人目以降の児童とでは，支給される手当の金額が異なる。児童の生活に直接必要な経費としては「一般生活費」「教育費」などが支給されている。

　養子縁組里親と親族里親については手当の支給はないが，一般生活費と教育費などについてのみ支給されている。

4　障害児施設に支弁される費用

　障害児施設（入所・通所）においては，2006（平成18）年から段階的に「障害者自立支援法」（2012（平成24）年からは障害者総合支援法）が適用され，入所の仕組みが従来の「措置制度」から利用者（扶養義務者）と施設が直接契約をして施設を利用する「契約制度」へと変更された。しかし虐待での入所や扶養義務者の所在不明などで直接に契約が結べない場合は，従来の措置制度が適用される。そのため従来の措置制度で入所をしている児童には「措置費」が支弁され，契約制度で入所をした児童については「給付費」として支弁されている。

第2節　児童福祉施設などの事業運営の仕組み

１　児童福祉施設などの事業運営

　児童福祉施設などは，その対象となる児童の年齢やその特性などにより，その施設などが配置しなければならない職種と人数，養育や支援の内容，設備などが異なっている。そのため児童福祉施設は「児童福祉施設の設備及び運営に関する基準」（以下「設備運営基準」とする）（表12-1），里親委託であれば「里親が行う養育に関する最低基準」に基づいて事業運営がされている。

　昨今は児童虐待により社会的養護を必要とする児童が増加しており，児童福祉施設などでは被虐待児への適切な養育や支援が求められている。そこで児童福祉施設などの養育や支援，運営における質の向上を図るものとして，社会的養護の施設とされる各施設と里親などに向けて，「運営指針」（里親などについては「里親等養育指針」）とその運営指針の解説書として「運営ハンドブック」が2012（平成24）年に作成された。

２　児童福祉施設の設備及び運営に関する基準

　「児童福祉法」第45条（基準の制定等）第1項は「都道府県は，児童福祉施設の設備及び運営について，条例で基準を定めなければならない。」と規定している。この都道府県が制定する条例の名称を「最低基準」といい，条例を定めるにあたり，「最低基準を常に向上させるように努めるものとする」と努力規定が課せられている（設備運営基準第3条）。

　そして同条第2項では「都道府県が前項の条例を定めるに当たっては，（中略）厚生労働省令で定める基準に従い定めるもの」とされ，この第2項に明記された「厚生労働省で定める基準」が「児童福祉施設の設備及び運営に関する基準」である。

表 12—1 「児童福祉施設の設備及び運営に関する基準」の概略

社会的養護の施設名	設 備	職 員	養育・支援内容
乳児院	寝室, 観察室, 診察室, 病室, ほふく室, 相談室, 調理室, 浴室, 便所	医師（小児科）または嘱託医, 看護師, 個別対応職員, 家庭支援専門相談員, 栄養士, 調理員, 保育士または児童指導員, 心理療法担当職員（※）	• 養育 • 乳児の観察 • 自立支援計画の策定 • 業務の質の評価等 • 関係機関との連携
児童養護施設	児童の居室, 相談室, 調理室, 浴室, 便所, 医務室, 静養室	児童指導員, 嘱託医, 保育士, 個別対応職員, 家庭支援専門相談員, 栄養士, 調理員, 看護師（※）, 心理療法担当職員（※）, 職業指導員（※）	• 養護 • 生活指導, 学習指導, 職業指導, 家庭環境の調整 • 自立支援計画の策定 • 業務の質の評価等 • 関係機関との連携
情緒障害児短期治療施設	児童の居室, 医務室, 静養室, 遊戯室, 観察室, 心理検査室, 相談室, 工作室, 調理室, 浴室, 便所	医師（精神科または小児科）, 心理療法担当職員, 児童指導員, 保育士, 看護師, 個別対応職員, 家庭支援専門相談員, 栄養士, 調理員	• 心理療法, 生活指導, 家庭環境の調整 • 自立支援計画の策定 • 業務の質の評価等 • 関係機関との連携
児童自立支援施設	学校教育法に基づく学科指導に関する設備, 児童の居室, 相談室, 調理室, 浴室, 便所, 医務室, 静養室	児童自立支援専門員, 児童生活支援員, 嘱託医, 医師または嘱託医（精神科）, 個別対応職員, 家庭支援専門相談員, 栄養士, 調理員, 心理療法担当職員（※）, 職業指導員（※）	• 生活指導, 職業指導, 学科指導, 家庭環境の調整 • 自立支援計画の策定 • 業務の質の評価等 • 関係機関との連携 • 心理学的, 精神医学的の診査等
母子生活支援施設	母子室（調理設備, 浴室, 便所）, 集会, 学習等を行う室, 相談室	母子支援員, 嘱託医, 少年指導員, 調理員, 心理療法担当職員（※）, 個別対応職員（※）	• 生活支援 • 自立支援計画の策定 • 業務の室の評価等 • 保育所に準ずる設備（※） • 関係機関との連携

注）（※）は一部条件あり
出所）福祉小六法編集委員会編『福祉小六法（2016 年版）』みらい，2016 年をもとに筆者作成

第 12 章　施設などの運営管理　105

3　児童福祉施設の設備及び運営に関する基準の変遷

　「児童福祉施設の設備及び運営に関する基準」は，1947（昭和22）年の「児童福祉法」制定より約1年後の1948（昭和23）年に「児童福祉施設最低基準」という名称で制定施行された。この「児童福祉施設最低基準」が制定された目的は，戦後まもなく法制化された「児童福祉法」に規定される児童福祉施設の運営と，養育や支援の一定の質を最低限度確保するためである[2]。

　この「児童福祉施設最低基準」は「児童福祉法」の改正や時代の変化などに伴い幾度かの改正がなされてきたが，直近では2011（平成23）年に2度の大きな改正があった。この改正理由は，児童虐待による社会的養護を必要とする児童の増加にある。被虐待児は，その児童が抱える課題が単に児童虐待だけにとどまらず，より複雑で多様化しているのが現状であり，現行の施設などでの養育や支援では困難を極めている。そこで，社会保障審議会児童部会社会的養護専門委員会及び児童養護施設などの社会的養護の課題に関する検討委員会などにおいて，被虐待児の現状やその支援のあり方，現行の施設類型などについて検討がなされた。

（1）2011（平成23）年6月の主な改正点：2011（平成23）年6月17日施行

1）職員配置関係

　乳児院や児童養護施設などに任意配置職員とされていた「家庭支援専門相談員」を義務化した。さらに一部条件はあるが「個別対応職員」「心理療法担当職員」の職員配置も義務化された。これまで乳児院の看護師の配置は入所する乳児の数により，保育士または児童指導員で読み替えすることができたが，この改正において乳児の数と年齢により看護師の配置数が明記された。児童養護施設に乳児が入所している場合は，看護師を配置することになった。

2）設備基準関係（改正後に新設や増築などの場合に適用）

　乳児院の居室の乳児1人当たりの最低面積を$1.65m^2$以上から$2.47m^2$以上へ引き上げた。また，児童養護施設などの居室の児童1人当たりの最低面積を

$3.3m^2$ 以上から $4.95m^2$ 以上へと引き上げ，居室の定員は 15 人以下から 4 人以下へと引き下げた（情緒障害児短期治療施設は 5 人以下から 4 人以下）。そして乳児院や児童養護施設などに相談室を設けることが義務化された。

（2）2011（平成 23）年 10 月の主な改正点：2012（平成 24）年 4 月 1 日施行

1）児童福祉施設最低基準の名称変更など

1948（昭和 23）年に制定施行された「児童福祉施設最低基準」は「児童福祉施設の設備及び運営の基準」へと名称が変更された。そして都道府県が条例で定める基準を「最低基準」と称することになった。

2）都道府県による児童福祉施設の最低基準の条例策定

これまで児童福祉施設に必要な設備や運営にかかわる基準と里親の行う養育については，厚生労働大臣がその基準を定めていたが，「児童福祉法」の改正に伴い，児童福祉施設の最低基準については都道府県が条例を定めることになった。里親については従来どおりである（児童福祉法第 45 条の 2）。

4 運営指針と運営ハンドブック

社会的養護の施設とされる乳児院，児童養護施設，情緒障害児短期治療施設，児童自立支援施設，母子生活支援施設の「施設運営指針」が施設ごとに作成され，里親・ファミリーホームには「養育指針」が作成されている。この指針は 2 部構成になっており，1 部は，施設の役割と理念，対象となる児童などの概況，養育や支援などのあり方，施設の将来像などが記載されている。2 部は児童への養育や支援，家庭への支援などについて，具体的に記載されている。そして 2012（平成 24）年度より義務づけされた施設の「自己評価」や「第三者評価」についても記載されている。[3]

「運営ハンドブック」も施設運営指針の解説書として施設ごとに作成されている。そのため各施設運営指針の項目内容を丁寧に解説し，保護を要する児童などや施設の歴史的過程と現状，社会的養護を必要とする児童などへの理解，

第 12 章　施設などの運営管理　107

施設における児童などへの養育や支援の目的とねらい，職員の役割や施設運営
のあり方などがわかりやすく記載されている。[4)]

第 3 節　児童福祉施設などの運営の課題と展望

　「児童福祉法」制定時は親を亡くした戦災孤児などの保護・養育が最大の目
的であったが，現在の児童の多くは親がいる（家庭がある）児童である。設備
運営基準では「親子関係の再構築」がうたわれ，「自立支援計画の策定」が義
務づけられているが，家庭復帰ができる児童は約半数である。[5)]

　「児童福祉法」において「児童」とは「満 18 歳に満たない者」とされ，家庭
復帰が難しい児童は成人を迎える前に社会的養護から切り離されてしまう現実
がある。そのような現実のなかで児童福祉施設などは，児童の 20 歳未満まで
の措置の延長を行っているが，就職や進学などにより施設などを退所しなけれ
ばならないこともある。しかし家庭という後ろ盾のない児童にとっては，施設
などの退所後は困難を極める実態がある。

　社会的養護を必要とする児童にとって，施設などは家庭の代わりとなるもの
である。児童が就職や進学などにより施設などを退所後も，実家のようにバッ
クアップできるような機能が求められる。そのために国は，児童が 1 日でも早
く自立した生活を送れるような社会的養護の施設などの職員配置の見直しを含
む機能強化と，退所後のきめ細やかなアフターケアができるように施設などと
連携した社会資源づくりが必要といえる。

《注》
1 ）厚生労働省「指針の概要」http://www.mhlw.go.jp/bunya/kodomo/syakaiteki_
　　yougo/dl/yougo_genjou_03.pdf（閲覧：2016 年 6 月 7 日）
2 ）厚生省児童家庭局編『児童福祉三十年の歩み』日本児童問題調査会，1978 年，
　　p. 11
3 ）厚生労働省「社会的養護の指針」より各施設の運営指針 http://www.mhlw.

go.jp/stf/seisakunitsuite/bunya/kodomo/kodomo_kosodate/syakaiteki_yougo/（閲覧：2016 年 6 月 7 日）

4）厚生労働省「社会的養護の施設運営ハンドブック」より各施設の運営ハンドブック　http://www.mhlw.go.jp/stf/seisakunitsuite/bunya/kodomo/kodomo_kosodate/syakaiteki_yougo/（閲覧：2016 年 6 月 7 日）

5）厚生労働省「社会的養護の現状について（参考資料）平成 28 年 7 月」http://www.mhlw.go.jp/file/06-Seisakujouhou-11900000-Koyoukintoujidoukateikyoku/0000108941.pdf（閲覧：2016 年 7 月 23 日）

《参考文献》

石川結貴『ルポ居所不明児童─消えた子どもたち』ちくま新書，2015 年

大塚良一・小野澤昇・田中利則編著『子どもの生活を支える児童家庭福祉』ミネルヴァ書房，2016 年

『社会保障の手引き（平成 27 年版）』中央法規，2015 年

福祉小六法編集委員会編『福祉小六法（2016 年版）』みらい，2016 年

第13章

専門職の倫理の確立

第1節　専門職の倫理

　近年，社会の情勢が多様に変化するなかで，社会的養護を担う施設やその専門職に対して，高度な責務や倫理が問われる機会がより多くなっている。直接的に子どもや利用者と接する機会が多い保育士や児童指導員などの専門職は，自らの言動や行動が子どもや利用者の権利や人としての尊厳，生命及び発育発達に及ぼす影響は大きいといえる。

　このため，専門職として倫理を十分に意識し遵守することは大切であり，多くの福祉専門職団体が倫理綱領を作成し，その内容を実践・実務の現場状況にあわせた行動規範も定めている。さらに社会的養護を担う職場においても，職場の倫理綱領や行動規範を定める動きとなってきている。以下に示す。

1　専門職の倫理として

- 全国保育士会倫理綱領 2003（平成15）年（全国保育士会・全国保育協議会・全国社会福祉協議会）
- 日本精神保健福祉士協会倫理綱領 2004（平成16）年（日本精神保健福祉士協会）
- 日本社会福祉士会倫理綱領 2005（平成17）年（日本社会福祉士会）

110

- 日本臨床心理士会倫理綱領 2009（平成 21）年（日本臨床心理士会倫理綱領）

上記の倫理綱領が専門職の倫理としてあげられる。

2　職場における倫理として

- 保育所…全国保育士会倫理綱領 2003（平成 15）年（全国保育士会・全国保育協議会・全国社会福祉協議会）
- 国立病院機構…国立病院機構全国保育士協議会倫理綱領 2007（平成 19）年（国立病院機構全国保育士協議会）
- 母子生活支援施設…全国母子生活支援施設協議会倫理綱領 2007（平成 19）年（全国母子生活支援施設協議会・全国社会福祉協議会）
- 乳児院…乳児院倫理綱領 2008（平成 20）年（全国乳児福祉協議会・全国社会福祉協議会）
- 児童養護施設…全国児童養護施設協議会倫理綱領 2010（平成 22）年（全国児童養護施設協議会・全国社会福祉協議会）
- ファミリーホーム（小規模住居型児童養育事業）…日本ファミリーホーム協議会倫理綱領 2015（平成 27）年（日本ファミリーホーム協議会）

ここで示した倫理綱領は一部のものであり，社会的養護を担う職場において倫理や行動規範をもって，子どもの最善の利益を守る支柱として存在している。

第 2 節　倫理綱領

社会的養護を担う専門職は，支援及び援助の専門家であり，専門職者はすべて自らの守るべき理念や行動規範を一定共有していなければならない。しかしながら，専門職者はひとりの人間であるので個人としての「性格」や，「価値観」があり，個々の言動・行動には違いがある。

そこで，専門職者及び専門機関としての共通の倫理や規範をもつことが必要

第13章　専門職の倫理の確立　111

表13—1　全国児童養護施設協議会倫理綱領

全国児童養護施設協議会　倫理綱領

社会福祉法人　全国社会福祉協議会
全国児童養護施設協議会

原 則

　児童養護施設に携わるすべての役員・職員（以下，『私たち』という。）は，日本国憲法，世界人権宣言，国連・子どもの権利に関する条約，児童憲章，児童福祉法，児童虐待の防止等に関する法律，児童福祉施設最低基準にかかげられた理念と定めを遵守します。
　すべての子どもを，人種，性別，年齢，身体的精神的状況，宗教的文化的背景，保護者の社会的地位，経済状況等の違いにかかわらず，かけがえのない存在として尊重します。

使 命

　私たちは，入所してきた子どもたちが，安全に安心した生活を営むことができるよう，子どもの生命と人権を守り，育む責務があります。
　私たちは，子どもの意思を尊重しつつ，子どもの成長と発達を育み，自己実現と自立のために継続的な援助を保障する養育をおこない，子どもの最善の利益の実現をめざします。

倫理綱領

1．私たちは，子どもの利益を最優先した養育をおこないます
　一人ひとりの子どもの最善の利益を優先に考え，24時間365日の生活をとおして，子どもの自己実現と自立のために，専門性をもった養育を展開します。
2．私たちは，子どもの理解と受容，信頼関係を大切にします
　自らの思いこみや偏見をなくし，子どもをあるがままに受けとめ，一人ひとりの子どもとその個性を理解し，意見を尊重しながら，子どもとの信頼関係を大切にします。
3．私たちは，子どもの自己決定と主体性の尊重につとめます
　子どもが自己の見解を表明し，子ども自身が選択し，意思決定できる機会を保障し，支援します。また，子どもに必要な情報は適切に提供し，説明責任をはたします。
4．私たちは，子どもと家族との関係を大切にした支援をおこないます
　関係機関・団体と協働し，家族との関係調整のための支援をおこない，子どもと，子どもにとってかけがえのない家族を，継続してささえます。
5．私たちは，子どものプライバシーの尊重と秘密を保持します
　子どもの安全安心な生活を守るために，一人ひとりのプライバシーを尊重し，秘密の保持につとめます。
6．私たちは，子どもへの差別・虐待を許さず，権利侵害の防止につとめます
　いかなる理由の差別・虐待・人権侵害も決して許さず，子どもたちの基本的人権と権利を擁護します。
7．私たちは，最良の養育実践を行うために専門性の向上をはかります
　自らの人間性を高め，最良の養育実践をおこなうために，常に自己研鑽につとめ，養育と専門性の向上をはかります。
8．私たちは，関係機関や地域と連携し，子どもを育みます
　児童相談所や学校，医療機関などの関係機関や，近隣住民・ボランティアなどと連携し，子どもを育みます。
9．私たちは，地域福祉への積極的な参加と協働につとめます
　施設のもつ専門知識と技術を活かし，地域社会に協力することで，子育て支援につとめます。
10．私たちは，常に施設環境および運営の改善向上につとめます
　子どもの健康および発達のための施設環境をととのえ，施設運営に責任をもち，児童養護施設が高い公共性と専門性を有していることを常に自覚し，社会に対して，施設の説明責任にもとづく情報公開と，健全で公正，かつ活力ある施設運営につとめます。

2010年5月17日　制定

出所）全国児童養護施設協議会・社会福祉協議会「全国児童養護施設協議会　倫理綱領」

になり，専門職の共通の価値観，判断基準に基づいて支援を行っている。

この節では，「全国児童養護施設協議会倫理綱領」を例にあげ，専門職者の倫理綱領の内容を学習する。

「全国児童養護施設協議会倫理綱領」は，「原則」，「使命」，「倫理綱領」の3つからできている。

「原則」では，児童養護施設の職員が，「日本国憲法」・「子どもの権利に関する条約」・「児童福祉法」などの理念と定めを遵守し，すべての子どもの権利擁護を行うことと，保護者の社会的地位，経済状況などの違いにかかわらず尊重することを謳っている。

また，「使命」では，子どもの生命と人権を守り，安心・安全な育みを負う責務と，子どもの意思を尊重し，成長・発達・自己実現と自立のために継続的な援助を保障し，子どもの最善の利益の実現を目指すことを示している。

そのなかで，倫理綱領は，①「子どもの利益を最優先」，②「理解と受容，信頼関係」，③「自己決定と主体性の尊重」，④「家族との関係を大切にした支援」，⑤「プライバシーの尊重と秘密を保持」，⑥「差別・虐待防止，権利侵害の防止」，⑦「最良の養育実践を行うための専門性の向上」，⑧「関係機関や地域と連携」，⑨「地域福祉への積極的な参加と協働」，⑩「施設環境および運営の改善向上」以上の10項目について定めており，児童養護施設の保育士や児童指導員の支援の対象は，子どもと保護者のみにとどまらず，関係機関や地域も含んでいる。したがって，その内容は，「子どもの権利条約」や「児童福祉法」の概念，「児童虐待の防止等に関する法律」の理念も盛り込まれている。

第3節　専門職の資質

第1節と第2節で専門職の倫理と倫理綱領を学習した。これらの内容とともに専門職の資質についても理解しなければならない。

社会的養護を担う専門職の資質向上として，2014（平成26）年3月に社会的

第13章　専門職の倫理の確立　113

養護施設運営指針及び里親及びファミリーホーム養育指針について，6つの施設など種別ごとのワーキンググループを設け検討を行い，社会的養護専門委員会での検討を経て，「児童養護施設運営指針」「乳児院運営指針」「情緒障害児短期治療施設運営指針」「児童自立支援施設運営指針」「母子生活支援施設運営指針」及び「里親及びファミリーホーム養育指針」を定めた。これらの指針は，社会的養護施設などでの養育を行う専門職の支援及び資質の向上に努めることを目的としている。

この節では，「児童養護施設運営指針」を例にあげ，社会的養護を担う専門職の資質について述べたい。

なお，「児童養護施設運営指針」の構成は，第Ⅰ部総論，第Ⅱ部各論がある。専門職の資質に関して述べられている，第Ⅰ部総論5．養育のあり方の基本(3)養育を担う人の原則について学習する。

児童養護施設運営指針における「養育を担う人の原則」

第Ⅰ部総論5．養育のあり方の基本(3)養育を担う人の原則は，全部で6項目あげられている。項目ごとに社会的養護を担う専門職の資質について，述べていく。

1項目「養育とは，子どもが自分の存在について『生まれてきてよかった』と意識的・無意識的に思い，自信を持てるようになることを基本の目的とする。そのためには安心して自分を委ねられる大人の存在が必要となる。」

ここでは，施設内において生活をするうえで，子どもの自己肯定感を満たす支援，子どもの背景を理解し受容することの大切さを述べている。

2項目「子どもの潜在可能性は，開かれた大人の存在によって引き出される。子どもの可能性に期待をいだきつつ寄り添う大人の存在は，これから大人に向かう子どもにとってのモデルとなる。」

ここでは，子どもの安心・安全を担保し，身近な大人としての専門職のあり方について述べている。親が身近にいられないことから，子どもにとって大人

（場合によれば親）のモデルになりうる。そこから専門職の人間性や社会性の成熟が求められていると考えられ，専門職の自己研鑽の必要性が求められているといえる。

3項目「ケアのはじまりは，家庭崩壊や親からの虐待に遭遇した子どもたちの背負わされた悲しみ，苦痛に，どれだけ思いを馳せることができるかにある。子どもの親や家族への理解はケアの『引き継ぎ』や『連続性』にとって不可避的課題である。」

ここでは，子どもへの受容を行い，その子どもを現在の環境に置くことになった家族への受容も含まれている。子どものことを思えば思うほど，家族に対する負の感情が湧き上がることがあるかもしれないが，専門職として子どもと家族を切れ目のない支援を行うことが求められている。

4項目「子どもたちを大切にしている大人の姿や，そこで育まれ，健やかに育っている子どもの姿に触れることで，親の変化も期待される。親のこころの中に，子どもの変化を通して『愛』の循環が生まれるように支えていくことも大切である。」

ここでは，子どもたちに寄り添い支援を行っている専門職と，さまざまな背景を有した子どもたちが今を大切に生きる様子やその成長を通じて，親へ伝え分かち合うことにより子どもへの愛情を取り戻す・深めることを示している。

5項目「養育者は，子どもたちに誠実にかかわりコミュニケーションを持てない心情や理屈では割り切れない情動に寄り添い，時間をかけ，心ひらくまで待つこと，かかわっていくことを大切にする必要がある。分からないことは無理に分かろうと理論にあてはめて納得してしまうよりも，分からなさを大切にし，見つめ，かかわり，考え，思いやり，調べ，研究していくことで分かる部分を増やしていくようにする。その姿勢を持ち続けることが，気づきへの感性を磨くことになる。」

ここでは，子どもたちにコミュニケーションや行動提示，さまざまな支援及び援助を行い日々関わることで信頼関係を構築し，子どもや専門職の思考・心

情・行動の多様性を共に理解し，一緒に成長し歩むことの大切さを感じることを示している。

6項目「子どもの養育を担う専門性は，養育の場で生きた過程を通して培われ続けなければならない。経験によって得られた知識と技能は，現実の養育の場面と過程のなかで絶えず見直しを迫られることになるからである。養育には，子どもの生活をトータルにとらえ，日常生活に根ざした平凡な養育のいとなみの質を追求する姿勢が求められる。」

ここでは，子どもたちのもつ背景や子ども自身の課題は多岐にわたる。そのなかで得られる感覚や経験を蓄積することは専門職者にとって大切さである。その感覚や経験を活かすために，その対応を理論化することではじめて蓄積に繋がると考えられる。また，朝おきて食卓に食事が並べてあったり，学校から帰ってきたらお帰りなさいの声がかかったり，このようなあたりまえの生活を育み，その質を担保できる気持ちや姿勢が必要になることを示している。

以上のように，社会的養護を担う専門職の資質は，子ども自身に対して，親・家族に対して，専門職自身に対して多岐にわたりその質や姿勢のあり方に及ぶ。これらのことより，社会的養護を担う専門職になる前の学生時代から，子どもの家庭福祉や子どもの権利擁護，児童虐待防止等の制度・理論や，自らの思いや経験などから構築した子ども観や福祉観，そして，勉強会や研修会に進んで参加し自己研鑽を行うことで，専門職の資質の向上へとつながるといえる。

《参考文献》
相澤仁編集代表『子どもの養育・支援の原理』明石書店，2012 年
相澤仁編集代表『子どもの権利擁護と里親家庭・施設づくり』明石書店，2012 年
小木曽宏ほか編『よくわかる社会的養護内容（第 3 版）』ミネルヴァ書房，2015 年
柏女霊峰『子ども家庭福祉論［第 4 版］』誠信書房，2015 年
山縣文治ほか編『よくわかる社会的養護』ミネルヴァ書房，2015 年

第14章

被措置児童等の虐待の防止

　被措置児童等とは，親の死亡や行方不明，虐待など何らかの理由で家庭での養育が困難なため，社会的養護施設等[1]に措置された児童のことである。したがって，被措置児童等虐待とは，施設職員などから入所児童などへの虐待行為や不適切な関わりを指す。本来，児童の権利を擁護し，最善の利益を保障する場であるべき施設などにおいて，子どもたちへの虐待行為はあってはならないことである。本章では，被措置児童等への虐待行為について理解し，被措置児童等虐待防止について学ぶ。

第1節　被措置児童等虐待とは

　「児童福祉法」第33条の10では，被措置児童等虐待を以下のように定めている。

一　被措置児童等の身体に外傷が生じ，又は生じるおそれのある暴行を加えること。

二　被措置児童等にわいせつな行為をすること又は被措置児童等をしてわいせつな行為をさせること。

三　被措置児童等の心身の正常な発達を妨げるような著しい減食又は長時間の放置，同居人若しくは生活を共にする他の児童による前二号又は次号に

掲げる行為の放置その他の施設職員等としての養育又は業務を著しく怠る
こと。

四　被措置児童等に対する著しい暴言又は著しく拒絶的な対応その他の措置
児童等に著しい心理的外傷を与える言動を行うこと。

ここに掲げられている4つは、「児童虐待の防止等に関する法律（児童虐待防止法）」第2条の児童虐待の定義と同様のものであり、施設職員などによって、身体的虐待・性的虐待・ネグレクト・心理的虐待が行われることを指す。その他、職員などによる言葉や態度による脅かしや無視、拒否的な態度、他の子どもたちといちじるしい差別的扱いするなどの不適切な関わりも虐待行為となる。また、生活を共にする他の子どもたちによるいじめやトラブルなどを放置することも虐待行為となる。

第2節　被措置児童等虐待の現状

被措置児童等への虐待が社会的に認知されるようになったのは、1995（平成7）年頃から、児童養護施設入所児童への施設内虐待の報告が相次いだことにある。厚生省（現厚生労働省）は、1998（平成10）年には「懲戒に係る権限の汎用禁止について」、1999（平成11）年には「児童養護施設等に対する児童の権利擁護に関する指導の徹底について」を規定し、2004（平成16）年の「児童福祉施設最低基準」改正では、児童福祉施設職員による入所児童に対する虐待などの禁止を明記した。しかし、その後も被措置児童等への虐待などを始めとする不適切な関わりを抑止することはできず、2008（平成20）年の「児童福祉法改正」では、「被措置児童等虐待防止」を追加し、2009（平成21）年には、都道府県・児童相談所設置市向けに「被措置児童等虐待対応ガイドライン[2)]」を作成した。

I 被措置児童等虐待について

　厚生労働省は2009（平成21）年度から2013（平成25）年度まで被措置児童等虐待届出等制度の実施状況を報告している[3]。虐待が認められた児童の性別は男児が6割前後を占めていた。虐待の種別・類型では身体的虐待がもっとも多かった。この傾向はすべての年度報告において同様の結果が示されている。身体的虐待として報告された事案には，被措置児童等に対する指導や注意喚起の際，感情的になってしまい暴力を振るってしまったことや児童などの不適切な行動を（暴）力で抑止しようとした事例が多く見られた。

2 被措置児童等虐待発生の要因

　厚生労働省は，2012（平成24），2013（平成25）年度の調査において，被措置児童等虐待発生の時間帯は，16時から22時がもっとも多かったことを報告している（25年度については0時から5時にかけて多い事も報告[4]）。この時間帯は学校帰宅後から就寝までを示している。施設などで生活する子どもたちの年齢は学童期がもっとも多く，職員にとっては日課や遊びなどを含む余暇活動への援助・指導を多く要する時間帯となる。また，発生場所については個室やホールなどの居室がもっとも多かった。時間帯と併せて考えると，学校の宿題（学習指導含）や翌日の準備に続き，食事・入浴・就寝準備を促し援助する際に不適切な関わりのリスクが高くなると考えられる。

　しかし，子どもたちにとっては，ゆっくりしたい時間帯でもあり，また，学校でのさまざまな出来事への気持ちの整理をしたい時間帯であろう。よって，職員などの職務内容と子どもたちの要求との間に齟齬がもっとも多く生じる時間帯にもなりえる。自立支援上の課題を踏まえた援助・指導をしなければならない職員の立場と子どもとの間で感情的な対立関係を生じさせているのではないだろうか。

　また，被措置児童等のなかには発達障がいや被虐待経験による心理・発達的行動上の課題から自分の気持ちを適切に表現したり，周囲の人たちの気持ちを

理解することを苦手としている子どもたちもいる。それゆえ，子ども同士や職員などとの関係がうまくつくれないことも多くある。

さらに，子どもたちの多くは自ら望んで被措置児童となっているわけではない。子どもたちは施設などへの入所を機に，保護され安心・安全な生活環境をえることになるが，それは同時に新たな生活環境に適応しなければならないことにもなる。なぜ，施設での生活上のルールや日課が大切となるのか，学習に取り組まねばならないのか，これらが子ども自身の将来の利益保障に繋がっていることを日々の生活のなかで伝えていかねばならない。

第3節　被措置児童等虐待防止の対策

1　子どもの権利ノートの活用

児童には，児童相談所に保護された際，あるいは施設などへの入所時に「子どもの権利ノート」が配布される。この権利ノートを通して，自分は保護されるべき存在であること，大切な存在であることを知り，そしてこの権利が侵害された時（されそうになった時）には訴えてよいこと，つまり，被措置児童等虐待対応等についても記されている。ここで大切なことは，このノートや施設などでの生活を通して，子どもたちのなかに「子どもの権利」への意識が内在化していくことである。信頼できる職員などとの関係のなかで，子どもたち自身が理解を深めていくことが求められる。

2　職員間の連携と第三者の活用

児童に関わる職員などは安心・安全な生活保障に日々努めている。しかしながら，さまざまな家庭的事情により施設等措置となった子どもたちに対し，それまでの生活経験で培われた多様な価値観を受容し社会的養護を実践していくことは容易ではない。自立支援上必要であると思われる援助・指導であっても，子どもの現状（心情や理解力など）によっては不適切な関わりとなり，被措

置児童等虐待への第一歩となりえる。

　これらを未然に防ぐには，施設内の他の職員との連携と第三者の関与が必要である。

　まず，職員間の連携では，日常生活における子どもの些細な心情や態度の変化の情報を共有し，自立支援上の課題への共通理解を図ることが求められる。これは，一貫性のある連続的な援助・指導を保障するためである。施設では時間帯や曜日によって養育者である職員などが交代する。交代の際，子どもの情報が共有されていなければ，子どもの現状やニーズに寄り添った援助・指導内容の連続性が途絶えてしまう。結果，子どもの施設生活は混乱し，不適切な援助・指導内容となりえる。

　職員間の連携のあり方は，それぞれの施設や職員個人の主体性に任されている部分がある。連携を適切，かつ円滑に行うためには，① 職員の専門職としての倫理観（第13章参照）を養う事，② 実践を振り返り次の課題を見出すこと，③ 子どもにとって適切な環境調整を絶えず図ることに努めなければならない。さらに，それぞれの主体性が適切かつ円滑に機能しているかどうかについては客観的評価が必要である。そこで，次に示す第三者の積極的な活用が求められてくる。

　ここでいう第三者とは，法人・施設以外の中立・公正な立場にあり，かつ専門的見解に基づき指導・助言が行える人物の事である。たとえば，「兵庫県児童養護連絡協議会」では，各専門家で構成された独自の子育て支援規準推進委員会を設け，子どもの権利擁護に努めている。[5] まず，各施設長は子どもたちや職員に委員会の存在を周知せねばならない。また，子どもの権利が侵害されるような不適切な関わりや援助・指導（すなわち被措置児童等虐待）が発生した場合は委員会に報告しなければならない。その他，子どもたちや職員などの施設生活に関連する意見や苦情が委員会に述べられるようになっている。そして，事態に応じて複数の委員が施設へ訪問し改善要求や指導・助言を行う。ここでは，被措置児童等に対して，① 最善の利益が保障されているか，② 育ちにお

ける環境調整の適正化が図られているか，③これらが被措置児童等虐待予防
となっているか等，施設などで生活する子どもたちのあらゆる権利の擁護に努
めている。

　つまり，被措置児童等虐待防止では，第1に子どもたちの権利擁護が遵守さ
れていること，第2に子どもたちの権利擁護における職員などの倫理観が育成
されていること，第3に職員などの倫理観を元に連携が図られていることなど
が大切といえる。そして，これらを常に見直し改善していくことが被措置児童
等虐待防止へのもっとも有効な手立てであろう。

《注》
1）社会的養護施設等とは乳児院，児童養護施設，知的障害児施設等，情緒障害児
　短期治療施設，児童自立支援施設，一時保護所，里親等を示す。
2）厚生労働省「被措置児童等虐待対応ガイドライン～都道府県・児童相談所設置
　市向け～」2009（平成21）年
3）厚生労働省「被措置児童等虐待届出制度の実施状況について」http://www.
　mhlw.go.jp/stf/seisakunitsuite/bunya/kodomo/kodomo_kosodate/syakaiteki_
　yougo/04.html（2016年8月11日アクセス）
4）前掲
5）兵庫県児童養護連絡協議会「子育て支援規準推進委員会」http://www.hyogo-
　kids.gr.jp/kosodate.html（2016年8月17日アクセス）

《参考文献》
相澤仁ほか編『社会的養護』中央法規，2015年
小林美智子ほか編『子ども虐待　介入と支援のはざまで』明石書店，2007年
庄司順一ほか編『施設養護実践とその内容』福村出版，2011年
長瀬正子「全国の児童養護施設における『子どもの権利ノート』の現在―改訂およ
　び改定の動向に焦点をあてて―」『佛教大学社会福祉学部論集』第12号，2016年

第15章

社会的養護と地域福祉

第1節　子どもを守る地域ネットワーク

1　子育て家庭支援ネットワークの必要性

　子どもの育ちを見守っていく機能は，児童福祉施設だけが担当しているわけではない。

　広く，地域社会で子どもたちの育ちを保障していく必要がある。養育者と暮らすことができない子どもだけでなく，子育て機能が低下しつつある子育て中の家庭も視野に入れた子育て家庭支援の視点が必要である。核家族化や離婚家庭の増加，夫婦の共働きの増加，都市化による地域社会の見守り力の低下など，子育てをする家庭を取り巻く環境の脆弱化により，徐々に子育て家庭だけでは子育てが困難な状況になってきており，社会的に子育て家庭を支援する各種のシステムが有効に機能する必要に迫られてきている。

　また，児童福祉施設などに入所している子どもたちは，地域から隔離されているわけではなく，地域の学校に通い，地域の社会資源を利用し，いずれは退所し地域社会に戻っていくことになる。その意味でも施設のもつ機能を活かしつつ地域社会の各種団体や家庭を支援するシステムと有機的に交流を図っていく必要がある。

　児童虐待により児童養護施設に入所していた子どもたちは，家庭がある程度

安定したとみなされると，また家庭に戻っていくケースが多いことから，児童虐待の再発を防ぐ意味でも，地域の家庭支援ネットワークの関係者のなかで見守っていくことが重要である。

2　児童虐待予防ネットワークとしての要保護児童対策地域協議会

　地域社会のなかで，児童虐待の疑いのある子どもや，非行などの問題が表面化してきた子どもを見守るネットワークとして，2004（平成16）年の「児童福祉法」の改正により市町村に「要保護児童対策地域協議会」を設置することが法定化された。2013（平成25）年4月1日現在，全国の市町村1,742町村のうち1,722ヵ所（98.9%）に設置されている[1]。

　図15-1のように，子育て家庭に関係する保育所・幼稚園・学校・教育委員会・警察・医療機関・児童相談所・保健所などの機関の関係者が定期的に集まり，地域のなかで，問題になっている家庭・子どもの把握を行い，情報交換をして，見守り体制をどうするか，どこの機関がどのような関わりを始めるかなどが検討される。たとえば，週に1回は，地域の主任児童委員に依頼をして家庭訪問をして子どもの顔をみて安否を確認するなどの具体的な方策も提案されることになる。これらの見守り体制のなかで何か検討事項が発生すると小規模なネットワーク会議がすぐに招集され，機敏な対応ができるように次の対応策を考えていくこととなり，状況により児童相談所に通告して子どもの保護などが行われる。

第2節　地域の子育て家庭支援施策

1　乳児家庭全戸訪問事業

　子育て家庭を見守る最初のかかわりは，母子保健の仕組みのなかでは，妊娠して母子手帳を保健センターなどで発行するところから始まる。妊娠が進み親になる準備が徐々に進んでいくが，出産前後は，もっとも支援の必要な時期で

第15章 社会的養護と地域福祉 125

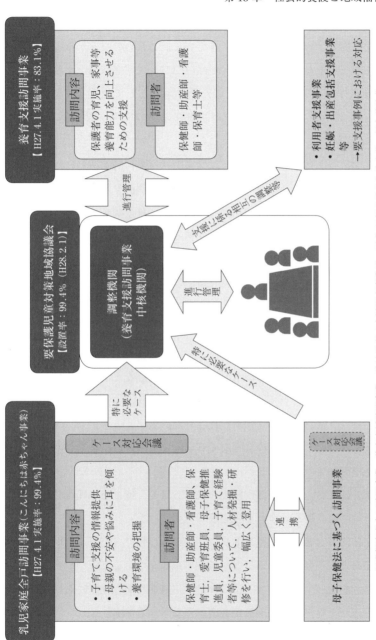

図15-1 児童虐待の発生予防と早期発見・早期対応のための連携

※乳児家庭全戸訪問事業、養育支援訪問事業、地域子育て支援拠点事業は、平成21年4月より法定化・努力義務化

出所）厚生労働省「社会的養護の現状について（参考資料）」2016年7月、p.33

126

もある。出産前後の支援を継続的に行っていこうという活動は，行政や子育て支援の民間活動などでも盛んになってきている。これらのなかから国の施策として，生まれてまもない新生児期（生後4ヵ月まで）に家庭訪問をすることで子育て家庭を見守り，早期の虐待予防のための事業として2008（平成20）年の「児童福祉法」の改正で「乳児家庭全戸訪問事業（こんにちは赤ちゃん事業）」が法定化された。

　保健師・助産師などが子どもの生まれた家庭すべてに訪問活動を行い，子どもが生まれてまだ，あまり日がたっていない家庭の状況や，母親の状態を把握し，母親の子育て上の悩みなどの相談にのり，フォローが必要であれば，専門機関に結び付けたり，母子保健の担当の保健師などに連絡をしたりして子育て家庭を支援していく活動を展開している。2013（平成25）年4月1日現在，全国の市町村1,660ヵ所（95.3%）で実施されている[2]。

2　養育支援訪問事業

　「乳児家庭全戸訪問事業（こんにちは赤ちゃん事業)」や，「母子保健事業」などから把握された，養育が困難な家庭に対して保健師などが家庭訪問などを行い子育て支援を重点的に行う事業として，2008（平成20）年の「児童福祉法」の改正で「養育支援訪問事業」が法定化された。

　この事業では，おおよそ次のような養育困難な家庭がこの事業のガイドラインとして想定されている。

(1)　若年の妊婦および妊婦健康診査の未受診者や，望まない妊娠など妊娠期から継続的な支援を必要とする家庭

(2)　出産後に養育者が，育児ストレス，産後うつ状態，育児ノイローゼなどの問題により子育てに強い不安や孤立感を抱えている家庭

(3)　食事，衣服，生活環境などについて，不適切な養育状態にあり，児童虐待のおそれを抱え，特に支援が必要とみなされる家庭

(4)　児童養護施設などの退所または，里親委託の終了により，児童が復帰し

第15章　社会的養護と地域福祉　127

た家庭

　訪問支援を行うものは，専門の相談支援は保健師，助産師，看護師，保育
士，児童指導員などの資格をもつ専門家が行い，育児・家事支援については，
子育て経験者，ヘルパーなどが実施することになっている。

　かなり複雑で，子育て困難な状況が想定される家庭を対象とするため，訪問
支援者には支援方法などについて「児童虐待予防」や，「傾聴とコミュニケー
ション」などの研修をうけることとされている。

　また，支援の方法を次のように類型化し効率のよい支援ができるようにモデ
ルが示されている。

（1）乳幼児家庭等に対する短期集中支援型

　0歳児の保護者で積極的な支援が必要と認められる育児不安にある者や，精
神的に不安定な状態で支援がとくに必要な状況に陥っている者に対して，自立
して適切な養育を行うことができるようになることを目指し，たとえば3ヵ月
間など短期・集中的な支援を行う。

（2）不適切な養育状態にある家庭等に対する中期支援型

　食事，衣服，生活環境などについて不適切な養育状態にあり，定期的な支援
や見守りが必要な市町村や児童相談所による在宅支援家庭，施設の退所などに
より児童が家庭復帰した後の家庭など生活面に配慮したきめ細かな支援が必要
とされた家庭に対して，中期的な支援を念頭に関係機関と連携して適切な児童
の養育環境の維持・改善及び，家庭の養育力の向上を目指し，一定の目標・期
限を設定したうえで，指導・助言などの支援を行う。

　この「養育支援家庭訪問事業」は，2013（平成25）年4月1日現在，全国の
市町村1,225ヵ所（70.3%）で実施されている。[3]

第3節　地域子育て支援サービス

1　児童福祉施設による地域子育て支援サービス

　児童福祉施設が潜在的にもっている子どもの養育や健全育成に関する知識や経験の蓄積，または施設の物理的な環境などは，地域の一般の子育て家庭にも提供できる子育て支援サービスである。より，重症度の高い虐待被害者の子どもや，問題をもつ家庭を支援してきた経験は，一般の子育て家庭支援にあたっても，有力な支援のための社会資源になりうる。

　不適切な養育や，親に十分な養育能力がないなどの問題がある家庭に対する支援者として，児童福祉施設のもつマンパワーが活用されるべきである。地域の子育て支援ネットワークのなかでも，各専門機関が，お互いにどのような機能をもっていてどのようなサービスが提供できるかが知られていない場合も多い。地域の子育て支援者の交流を促進し，有効に各セクションの機能を活かしていくことが期待されている。

2　短期入所生活支援（ショートステイ）事業

　児童福祉施設が地域の子育て家庭に提供している子育て支援短期支援事業として，「短期入所生活支援（ショートステイ）事業」がある。2003（平成15）年の「児童福祉法」の改正で法定化され子育て支援事業に含まれている事業である。この事業は，子どもを養育している保護者が疾病などの社会的な事由（疾病・出産・看護・事故・災害・冠婚葬祭・失踪・転勤・出張及び学校などの公的行事への参加など）や私的事由（育児疲れなど）によって家庭で子どもをみることができない状況が発生した場合に，一時的に児童養護施設など子どもを預かる機能をもっている施設で，養育・保護をする事業である。

第15章　社会的養護と地域福祉　129

3　夜間養護等（トワイライトステイ）事業

「短期入所生活支援（ショートステイ）事業」と同じく，2003（平成15）年の児童福祉法の改正で法定化された事業で地域の児童福祉施設などを利用した，事業として「夜間養護等（トワイライトステイ）事業」がある。これは，保護者が仕事やその他の理由により，平日の夜間または，休日に不在となり児童の養育が困難となった場合などの緊急の場合に，児童養護施設など保護を適切に行うことのできる施設で，児童を預かる事業である。

4　地域子育て支援サービスを担う人びと

かねてより，子育て支援を行っているNPO団体などから，子育て支援に携わる人の専門性を担保するため，子育て支援分野を中心に活動している人たちの専門研修を行い，なんらかの認定を行うことができないかとの声があがっていた。

2015（平成27）年度より，国が「子育て支援員」について一定の基準を設けた研修を始めることとなり，研修の受講者を「子育て支援員」として認定する事業がはじまっている。

2015（平成27）年度から始まった子ども・子育て支援新制度において実施されることとなっている小規模保育，家庭的保育，ファミリー・サポート・センター，一時預かり，放課後児童クラブ，地域子育て拠点等の事業や，家庭的養育環境が必要とされる社会的養護については，子どもが健やかに成長できる環境や体制が確保されるよう，地域の実情やニーズに応じて，これらの支援の担い手となる人材を確保することが必要として，全国共通の「基本研修」・「専門研修」を修了した者を「子育て支援員」として認定するとしている。今後の地域の子育て支援の中心的な人材となっていくものとして期待されている。

《注》
1）厚生労働省「子どもを守る地域ネットワーク等調査」要保護児童対策地域協議

会の設置・運営状況について，2015 年，p. 1
2）厚生労働省「子どもを守る地域ネットワーク等調査」乳児家庭全戸訪問事業の実施状況について，2015 年，p. 1
3）厚生労働省「子どもを守る地域ネットワーク等調査」養育支援訪問事業の実施状況について，2015 年，p. 1

《参考文献》
犬塚峰子・田村毅・広岡智子『児童虐待父・母・子へのケアマニュアル～東京方式』弘文堂，2009 年
社会福祉の動向編集委員会編『社会福祉の動向 2016』中央法規，2016 年
比嘉眞人監修『子ども家庭福祉』みらい，2012 年

索　引

あ　行

新しい子ども観……………………12
育成相談………………………………53
石井十次………………………………14
衣生活…………………………………86
エリザベス救貧法……………………9
援助の9つの機能……………………79
岡山孤児院……………………………14
オンブズパーソン制度………………37

か　行

学習指導・進路指導…………………89
家庭環境の調整………………………90
家庭児童相談室………………………54
家庭的養護……………………58, 63
家庭養護………………………57, 60
家庭養護と施設養護…………………57
金銭管理………………………………88
国………………………………………51
ケア基準………………………………7
健康と安全……………………………87
権利擁護………………………………67
工場法………………………10, 11
子どもの権利条約……………29, 31
個別対応職員…………………………71
子育て家庭支援ネットワーク……123
子ども・子育て支援法………………48
子どもの権利条約第3条第1項……3
子どもの権利条約批准………………18
子どもの権利ノート…………6, 34
子どもの権利擁護……………………80
　　──のためのネットワーク………38

子どもを守る地域ネットワーク…123

さ　行

里親支援専門相談員…………………72
里親制度………………………………60
自己覚知………………………………68
施設などの運営管理………………101
施設養護………………………57, 60
　　──の過程…………………………86
　　──の基本原理……………………75
　　──の基本理念……………………76
　　──の実際…………………………85
市町村児童福祉審議会………………55
児童委員・主任児童委員……………55
児童家庭支援センター………………54
児童家庭福祉の一分野………………21
児童虐待防止法（児童虐待の防止等
　に関する法律）……………………45
児童憲章………………………………3
児童指導員……………………………68
児童自立支援専門員…………………69
児童相談所……………………………52
児童手当法……………………………47
児童の遊びを指導する者……………71
児童の権利……………………………12
児童の権利に関する条約………18, 25
児童の権利思想………………………12
児童の権利擁護………………………29
児童買春，児童ポルノに係る行為等
　の処罰及び児童の保護等に関する
　法律…………………………………48
児童福祉施設………………………101
児童福祉施設の設備及び運営に関す

る基準……………………… 103
児童福祉審議会………………………55
児童福祉法………………………44
児童福祉法などの一部を改正する法
　律………………………21
児童扶養手当法………………………47
児童養護施設………………………75
児童養護施設サービス自主評価基準
　………………………… 7
児童労働………………………10
自立援助ホーム………………………63
実施期間………………………52
社会的養護………………………59
　——とは…………………………… 1
　——と地域福祉………………… 123
　——における専門職……………68
　——の課題と将来像の実現に向け
　　て………………………26
　——の基本理念………………… 2
　——の仕組みと実施体系…………51
　——の制度と法体系………………43
　——の専門職………………………67
　——の体系………………………57
　——の定義…………………………… 1
　——の法律………………………44
　——の理念と概念………………… 1
　——の歴史………………………… 9
社会的養護関係施設…………………32
社会的養護制度………………………43
恤救規則………………………14
住生活………………………87
受動的権利………………………… 3
守秘義務………………………67
障害児福祉手当………………………47
障害相談………………………53
小規模グループケア………………63
少年を指導する職員………………70

食生活………………………87
親権制度の見直し………………………40
心理療法担当職員………………………71
生活指導………………………86
性教育………………………88
西洋における歴史………………… 9
専門職の資質……………… 112
専門職の倫理……………… 109
措置制度………………………43
措置費……………… 101

た　行

第三者評価………………………32
第三者評価制度………………………33
第4回児童養護施設等の社会的養護
　の課題に関する検討委員会……… 2
地域子育て支援サービス………… 128
地域小規模児童養護施設……………63
地域保健法………………………54
地方公共団体………………………51
特別児童扶養手当………………………47
特別児童扶養手当等の支給に関する
　法律………………………47
特別障害者手当………………………47
都道府県………………………51
都道府県児童福祉審議会……………55

な　行

日本における歴史………………………14
乳児家庭全戸訪問事業………… 124
能動的権利……………… 3, 4

は　行

配偶者からの暴力の防止及び被害者
　の保護等に関する法律……………48
非行相談………………………53
被措置児童等虐待……………… 117

索引 133

被措置児童等虐待防止……………120
被措置児童等の虐待の防止………117
ファミリーソーシャルワーカー……69
ファミリーホーム…………………61
福祉事務所…………………………53
保育士………………………………68
保健所………………………………5
母子及び父子並びに寡婦福祉法……46
母子支援員…………………………70
ホスピタリズム論…………………13
ホスピタリズム論争………………16

ま 行

無能貧民……………………………10

や 行

有能貧民……………………………10
養育支援訪問事業…………………126
要保護児童対策地域協議会………124
養育を担う人の原則………………113
養護相談……………………………53

ら 行

利用契約制度………………………44
倫理綱領……………………………110
レクリエーション・行事…………89

編著者紹介

井村　圭壯（いむら・けいそう）
1955 年生まれ
現　　在　岡山県立大学教授　博士（社会福祉学）　保育士
主　　著　『戦前期石井記念愛染園に関する研究』（西日本法規出版，
　　　　　2004 年）
　　　　　『日本の養老院史』（学文社，2005 年）
　　　　　『日本の社会事業施設史』（学文社，2015 年）
　　　　　『社会事業施設団体の形成史』（学文社，2015 年）

安田　誠人（やすだ・よしと）
1967 年生まれ
現　　在　大谷大学教授
主　　著　『保育の質を高める相談援助・相談支援』（晃洋書房，2015
　　　　　年）
　　　　　『障がい児保育の基本と課題』（学文社，2016 年）

現代の保育と社会的養護　　　2017 年 1 月 10 日　第一版第一刷発行

編　者　井　村　圭　壯
　　　　安　田　誠　人
発行所　株式会社　学　文　社
発行者　田　中　千　津　子

東京都目黒区下目黒 3-6-1　〒 153-0064
電話 03(3715)1501　振替 00130-9-98842
http://www.gakubunsha.com

©2017　Imura Keiso & Yasuda Yoshito
Printed in Japan

落丁・乱丁本は，本社にてお取替えいたします。
定価は売上カード，カバーに表示してあります。
印刷／亨有堂印刷所
ISBN978-4-7620-2685-0　検印省略